U0107755

开启
甲骨宝库

殷墟甲骨文的
三次重大发现

刘一曼◎著

云南出版集团

云南人民出版社

图书在版编目（CIP）数据

开启甲骨宝库：殷墟甲骨文的三次重大发现 / 刘一曼著. —— 昆明：云南人民出版社，2023.11
ISBN 978-7-222-20849-0

Ⅰ.①开… Ⅱ.①刘… Ⅲ.①甲骨文—通俗读物 Ⅳ.①K877.1-49

中国国家版本馆CIP数据核字(2023)第184422号

项目策划：陈　晨
责任编辑：陈　晨　梁明青
助理编辑：李子璇
责任校对：周　彦
责任印制：窦雪松
装帧设计：马　滨　越凡文化

开启甲骨宝库
—— 殷墟甲骨文的三次重大发现
KAIQI JIAGU BAOKU
——YINXU JIAGUWEN DE SAN CI ZHONGDA FAXIAN

刘一曼　著

出　版　云南出版集团　云南人民出版社
发　行　云南人民出版社
社　址　昆明市环城西路609号
邮　编　650034
网　址　www.ynpph.com.cn
E-mail　ynrms@sina.com
开　本　720mm×1010mm　1/16
印　张　15.75
字　数　340千
版　次　2023年11月第1版第1次印刷
印　刷　昆明德厚印刷包装有限公司
书　号　ISBN 978-7-222-20849-0
定　价　96.00元

云南人民出版社微信公众号

如需购买图书、反馈意见，请与我社联系
总编室：0871-64109126　发行部：0871-64108507　审校部：0871-64164626　印制部：0871-64191534

缘 起

（代序）

当我出版了《殷墟考古与甲骨学研究》（云南人民出版社，2019年）后，即将出版《商代考古与甲骨学》（论文集，已于2023年出版）之时，就一直在考虑并与《殷墟考古与甲骨学研究》的责任编辑陈晨探讨下一步的研究计划，决定撰写一本普及甲骨文的著作，她也非常同意。

我也十分清楚，对我这样一个在安阳长期从事考古发掘和研究、整理资料、出版考古报告的人来说，撰写一本通俗性的甲骨文著作，是一个严峻的挑战。同样的主题，但研究范式、叙事逻辑、表达方式有很大的不同。

但是，作为哲学社会科学工作者，也必须应对时代的挑战，回答社会的要求。如何使习近平总书记特别强调的"以时代精神激活中华优秀传统文化的生命力""让历史说话，让文物说话""让文物活起来"等重要讲话精神贯穿到我们的考古工作和研究课题中，我认为能够撰写一本甲骨文普及性著作也是讲好甲骨文故事、中国故事的生动题材。

众所周知，即使是一般的专业学者也认为甲骨学是一门高深的学科。如何将专业性的专业知识与通识性的专业知识很好地结合起来？又如何将甲骨文的发现整理、探讨研究、文字特点和丰富内容与考古发掘成果予以关联？我曾经参与或主持了殷墟两次重大的甲骨文发掘工作，深感考古成果为甲骨文的研究打下了坚实的基础，搭建了彰显其在中国文明发展史上重要地位的舞台。因此在本书的架构上分为上下编，上编叙述甲骨文的基础知识和殷墟甲骨文的三次重大发现。下编遴选重大发现中的84片甲骨文精品，包括YH127坑甲骨32片（本书1—32号），小屯南地甲骨27片（本书33—59号），花园庄东地甲骨25片（本书60—84号），逐片阐释其内容和审美价值。期望本书能以独特的历史文化语境、艰辛的发现发掘趣闻，提炼出的原始素材，让甲骨文的故事走进不同类型读者的心里，被他们理解、接受与认同。

目　录

开启甲骨宝库

上编

一、甲骨文探秘

（一）何谓甲骨文

提起甲骨文，在中国可以说是家喻户晓，而且普通老百姓也知道它的发现还带有一些神秘的情节。尽管有关甲骨文研究的专著、考古发掘报告、资料集成、各类文章不少，但是如果稍微问到深入一点的问题，除了专门研究甲骨学的学者，一般的专业人士也是一知半解。因此，本书开篇让读者重点了解甲骨宝库的开启和珍藏。

人们通常说的甲骨文是指商代刻写在龟甲、兽骨（主要是牛肩胛骨）上的文字。在我接触的人士中，问我最多的问题是：商代人为什么要将文字刻写在龟甲、兽骨之上？这些文字想表达什么内容，又是通过什么方法和过程产生的？

要回答这些问题，首先我们需把目光追溯到遥远的新石器时代。在我国新石器时代偏晚阶段（距今约六千年），流行着一种习俗，先民们爱用龟甲、兽骨进行占卜。占卜时，卜者将龟甲、兽骨的反面加以烧灼，观察其正面形成裂纹的形状，然后根据裂纹的状况来判断吉凶。古人使用过的占卜甲骨，遗留在遗址中，考古学家将它们发掘出来，这就是考古学上所说的"甲骨"。在新石器时代晚期，黄河流域、长江流域的卜用甲骨在河南、河北、陕西、甘肃、山东、山西、江苏、四川、安徽、湖北等许多地方都有出土。到了商代，特别是商代后期，用甲骨占卜之风极盛，在西周早期，这种风俗已不大流行了，但并未绝迹，在我国西南少数民族地区，甚至保存到了20世纪70年代。

商代前期（前1300—前1046年），商王和高级贵族十分迷信，上至天文星象，下至人间杂事，都要进行占卜，因而卜事极为频繁。商王朝设立了专门的占卜机构，派专职人员负责此项工作。当时，每当占卜完一件事情之后，常常将卜问的内容，以后应验的情况刻（或写）在甲骨上，这就是甲骨卜辞。

现在人们看到的只是甲骨及其上面的文字，但是当时占卜之人是根据甲骨上呈现的什么兆象进行预测，这些现象又是怎样形成的呢？因此，在叙述甲骨文内容之前我们应对甲骨的整治和占卜过程予以介绍。

（二）甲骨的整治与占卜过程

甲骨的整治与占卜过程，大致可以分为下列几个步骤：

第一步：清理甲骨

商代占卜用的甲骨，都要经过整治。龟甲整治，学者称为"攻龟"，即杀、煮、剔、锯、刮磨平整等。将龟腹甲与背甲从甲桥处锯开，分成腹甲与背甲两部分，再将背甲从中部锯开，分成左右两部分。有的背甲，在对剖之后，还要锯去靠近中脊部位的凸凹较大的部分和首尾两端，使之成为椭圆形（近似鞋底状），并在中部钻一个圆孔。此种背甲被称之为"改制背甲"（见图1）。

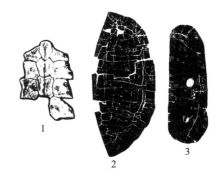

图1　小屯背甲

牛肩胛骨的整治，首先将反面凸起的骨脊锯去，并将整个骨板削平，然后将骨臼的一半或三分之一锯去，使之成为月牙形，通常还要将臼角向下和向外切去一部分，使之形成一个似曲尺形的直角缺口。董作宾等多数甲骨学者，将缺口向右的胛骨称为右胛骨，缺口向左的胛骨称为左胛骨（见图2）。

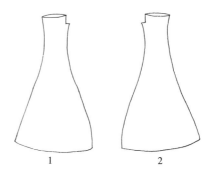

图2　左、右牛肩胛骨示意图

第二步：凿钻的制作

甲骨清理好之后，还需要在其反面挖出凿、钻，以便占卜时在正面能显现卜兆。凿是指长方形、椭长形、枣核形、杏核形的凹槽，钻大多是指与凿边相连的椭圆形洼洞，但也有一些单独的圆钻（见图3）。

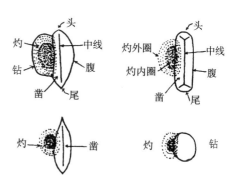

图3　钻凿各部分的名称

关于凿钻的制作，长期以来，不少人以为凿是用青铜凿子凿成的，钻是用钻子钻成的。

在20世纪70年代末，我们通过细致的观察与亲自实验，对其制作方法有了新的认识：甲骨上大多数长方形或椭长形凿是用刀挖刻而成的，至今很多甲骨凿的内壁上都留有清晰的刀痕，还有一部分弧形凿是用小轮子开槽后制作的，这种凿之底部呈规则的弧形还有旋纹。我们请玉器厂的师傅用小砣轮在现在的牛肩胛骨上制作弧形凿，结果制作出来的凿形与卜骨上的弧形凿酷似，于是制作凿的奥密被揭开了。

与凿相连之钻，有的直接用刀挖刻，有的是先用轮开槽后再用刀加工而成。通过模拟实验，我们发现单独的小圆钻则是用钻子钻成。具体的做法参见后文。

第三步：提出占卜事项

第四步：施灼与辩兆

商人用甲骨占卜，是"以卜决疑"，通过占卜，了解神的意志，以指导自己的行动。占卜程序中最重要的一项是施灼与辩兆。施灼是用火在钻内或凿旁加以烧灼。兆指的是施灼后呈现的卜字形裂纹即所谓兆纹，竖直的兆纹称兆干，横的则称兆枝。

关于施灼的方法，古代文献记载，商周时期卜师是用烧成炽炭的荆条或硬木枝来灼龟、骨。大多数学者据出土甲骨上的灼痕呈内外两层，内层是烧灼时火烓的接触面，呈深黑色，外层是受热的波及区，呈黄褐色，认为这应是用炭火烧灼所致，古文献的记载是可信的。但是也有少数学者认为，甲骨施灼的方法，是用一加热的金属器在钻凿处灼烤。

为了探求商代卜师如何对甲骨进行施灼的问题，我与中国社会科学院考古所安阳工作站的几位技师，在五年时间里，先后进行了六次甲骨施灼实验，取得不错的效果，灼出来的灼点和兆纹与殷墟出土的商代甲骨上的相似。

最初，我们用一根烧至通红的铜棒（直径约1厘米）在牛肩胛骨反面的凿旁之"钻"内灼烤，很快在灼点处出现焦黑的痕迹，但骨之正面不见兆纹，有的虽然偶尔出现裂纹，但或只见兆干，不见兆枝，或有兆干与兆枝，但兆纹细而模糊，不似殷墟卜骨上的卜兆。这是由于铜棒不易保温，容易冷却之故。所以我们认为，殷人是不用加热的金属棒对甲骨施灼的。

舍弃铜棒之后，我们采用坚木枝进行施灼，所用的树枝要有一定的硬度和韧性，燃烧成炭后不易很快折断。使用过的荆木、桃木、槭木、栗木、柳木等的枝条，均可灼出兆纹。具体的做法是：施灼时取一根燃着火焰的圆柱形枝条（见图4），先将明火吹灭使其成为炽炭，迅速地将之放入甲骨凿旁边之钻或单独的圆钻内，边灼边用嘴吹钻内的枝条，使它继续保持红色高温，当枝条燃尽或灭火时，马上换上另一根燃炽的枝条在原灼点上再灼，直到听见"卜"的爆裂声才停止。这时，甲骨的正面便会出现"卜"字形裂纹（兆纹）了（见图5）。卜兆的形态与凿钻的制作、施灼时的火候和手法有密切关系。要灼出一个清晰的"卜"字形纹，凿槽必须要挖得好，槽穴的两侧倾斜而下，使其底部中央形成一条直线，凿槽的底部尽量地挖深，以挖的只剩一层骨衣又不透过骨面为好。施灼者在

图4　施灼实验

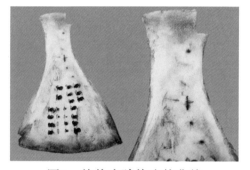

图5　施灼实验灼出的兆纹

操作时，灼点要固定，不能移动，其位置应尽量接近凿的中线。用嘴吹气时，要均匀地慢慢地吹，若吹得太猛，火力过大，容易将甲骨面烧焦，若吹气不足，甲骨的正面难于见兆，或者兆纹出现的时间过慢。小屯甲骨上的灼，火力控制较好，灼痕清晰，一般不透过甲骨之表面，反映出为商王占卜的卜师是训练有素、技术娴熟的人。

兆纹的形态多样，如兆干与兆枝的夹角，有的为直角，有的呈锐角或钝角。甲骨出现兆纹之后，商王或卜师还要对兆纹进行审视，根据兆纹的形态对所卜问之事做出吉凶判断，这就是所谓的辩兆。必须指出的是，当时卜问者是以什么样

的兆纹形态判断吉凶的，我们今天已不得而知了。

第五步：刻卜辞

占卜完毕，卜者要在卜兆旁侧刻上占卜时间、卜问之人、卜问事项、预测吉凶和应验的结果，这就是甲骨卜辞，所刻内容详略不一。

（三）甲骨文例

甲骨文绝大多数是卜辞，但也有部分其他刻辞，如记事刻辞、表谱刻辞、习刻等。甲骨卜辞有一定的格式。一条完整的卜辞由叙辞（也称前辞）、命辞（也称问辞、贞辞，贞是卜问的意思）、占辞和验辞四部分组成。叙辞是记述占卜的时间和占卜的人员，命辞是记录所卜问的事情，占辞是审视卜兆的人所做的对吉凶的判断，验辞是记录所卜之事应验的情况。

下面以《合集》14138为例，加以分解释读（见图6）：

戊子卜，㱿贞：帝及四月令雨？王占曰：丁雨，不重（唯）辛。一二三四

贞：帝弗其及今四月令雨？旬丁酉允雨。一二三四

叙辞："戊子卜㱿贞"，在戊子日这天，由贞人㱿卜问。

命辞："帝及四月令雨"与"帝弗其及今四月令雨"，天帝在这四月份会命令下雨吗？又卜问：天帝不会在这四月份命令下

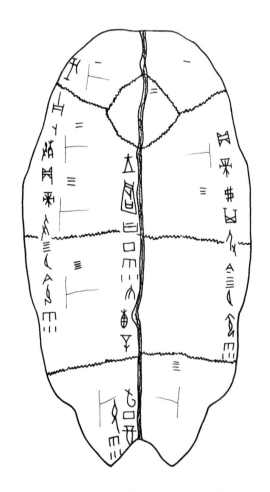

图6　祈雨卜辞《合集》14138摹本

雨吗？

占辞："王占曰：丁雨不重（唯）辛"，商王看了卜兆以后做出判断，在丁日下雨，而不是在辛日。

验辞："旬丁酉允雨"，到了第十天丁酉，果然下雨了。

一、二、三、四等数字，是兆序，表明这两条卜辞先后共占卜了四次。

甲骨记事刻辞有的刻在卜用的甲骨上，有的刻在兽骨（牛头、鹿头、虎骨）或人头骨上。刻在卜用甲骨上的，大多是记述甲骨来源的刻辞，刻于甲桥、甲尾、龟背甲反面、牛肩胛骨的骨臼或骨面下部边缘等处，文辞简略。如《合集》14210反"雀入百五十"（见图7），该片属甲桥刻辞，意谓雀部族一次向殷王朝贡纳一百五十只龟。

刻在兽骨上的刻辞，内容是记田猎捕获野兽的。如《甲》3940鹿头刻辞，"戊戌，王蒿田，☒文武丁升☒王来征☒"（见图8）。刻辞的大意是，商代末年，王去征伐某方国（一般认为是征夷方）之后，回程中在蒿地进行田猎，获得野鹿，然后对先王文武丁进行祭祀。

《合集》37848反（《怀特》

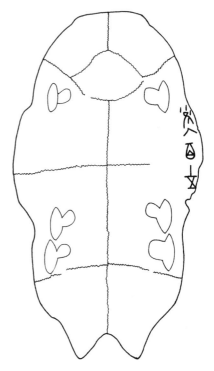

图7　甲桥记事刻辞《合集》14210反摹本

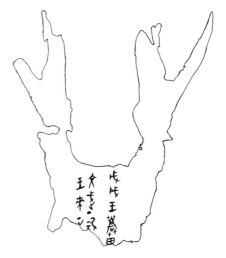

图8　鹿头刻辞《甲》3940

图9　虎骨刻辞
《合集》37848反

1915），虎骨刻辞，"辛酉，王田于鸡录（麓），获大霍虎，在十月，隹（唯）王三祀，劦日"（见图9）。这是甲骨文中唯一一件虎骨刻辞，非常珍贵。此片是虎的右上膊骨制成的骨匕刻辞，正面雕有精美的纹饰，反面刻辞。刻辞的大意是，在商王的三年（帝乙三年）十月的辛酉日，王去鸡山下狩猎，捕获一只大老虎，以后举行祭祀作为庆祝。

　　人头骨刻辞，是商代末年刻于人头骨上，记载战争获胜，俘获敌方首领，将之献祭于先王的刻辞。此种刻辞多属小片，可能在献祭之后将其打碎所致。其上的文字不多，为1—6字，字体粗大。至今已发现15片，内容多记方伯首领的名字。或记受祭的先王，如《综述》图版十三下，"夷方伯囗祖乙伐（？）"和《怀特》1914"囗大甲囗"（见图10）。

图10　人头骨刻辞《怀特》1914、
《综述》图版十三下

　　表谱刻辞包括干支表、祀谱、家谱三种，以干支表（亦称甲子表）为常见。完整的干支表，共有六行，十甲六十日，如《合集》37986（见图11）。干支表是供占卜时备查之用。

图11　干支表《合集》37986

图12　习刻《粹》1468

习刻，是契刻甲骨卜辞者的模仿、练习之作，习刻文字多刻在废弃或卜用过的甲骨之上。这类文字，大多不规整，字体歪斜，文不成句，行款混乱，毫无章法。在习刻中也夹杂有少数字体精美整齐的刻辞，如《粹》1468第4行，那应是技艺高超的刻手为徒弟所契刻的示范之作（见图12）。

（四）甲骨文的内容与特点

殷墟甲骨文的单字有4000多个，其中经过考释并为学术界公认的字有1000多个。甲骨文能完整地记录语言，是我国目前最早的具有一定体系和较严密规律的文字。其内容很丰富，主要有祭祀、农业、畜牧业、田猎、军制、战争、方国、官制、天文、气象、疾病、吉凶梦幻、妇女生育等诸多方面。

甲骨文是目前我国最早的成熟文字系统，有以下特点：

其一，字形。从字形上看，甲骨文的每一个单字都由一些长短不一的线条互相配合，形成方形或长方形的单个字形，这种方块字，是我国汉字形体的重要特点。

其二，结构。甲骨文字体结构有一定的规律。我国古文字学家所说的六书（六种造字方法）象形、会意、形声、指事、假借、转注，在甲骨文中都能找到例证，其中较多的是前四种（见表1）。

表1　甲骨文象形、会意、形声、指事字例表

象形				会意		形声		指事	
象		豕		即		洹		上	
鹿		犬		既		河		下	
牛		日		陟		盂		亦	
羊		月		降		雉		交	

象形字，是以简略的线条形象地勾勒出客观事物的主要特征，如"鹿"，突出其分叉的大角。"象"，突出其弯卷的长鼻和肥硕的躯体。"牛"与"羊"则象征正视的牛羊头部之形，以头部表示全体，二者角的形态有别，牛角平伸，羊角卷曲下垂。"豕"（猪）与"犬"均作侧视形，前者腹大，尾下垂，后者瘦身，卷尾。"日"，像太阳之形，日中一点，表示光源。"月"，似一轮弯月。

会意字，通常把两个或两个以上的图形合并起来，使其发生内部的联系，表达一定的意义。如："即"字，一侧为盛食物的器具，另一侧为人跪着进食之形，表达即就之意；"既"字，作人食罢掉头欲离开之状，表达完成之意；"陟"与"降"，均从阜从二止（足），前者二止向上，会登高之意，后者二止向下，会降落之意。

形声字，是由形符与声符相结合而成，形符表示意义，声符表示音读，如："洹"与"河"，形符均为水形，前者亘声，后者可声。"盂"，下部形符为皿，上部声符为于。"雉"，右为形符佳，左为声符矢。这类字，在甲骨文中的数量没有象形字与会意字多，但因造字简便易读，至秦汉以后发展成为汉字的主体。

指事字，是在象形字的基础上添加一定的符号，表达出较为抽象的概念。如"上"与"下"，以一弧线（或直线）为基准，再以一短划为指事符号，短划在上是上字，短划在下是下字。

其三，行款。多数甲骨文是自上而下的的直行排列法，在一些兽骨记事刻辞中，文字是先自上而下，再自右而左的排行。这种排列方式，一直沿用到20世纪50年代初。

其四，语法。甲骨文中有名词、动词、代词、形容词、副词、数词、量词、连词、介词、语气词等多种词类，句子的主要成分有主语、谓语、宾语、定语、状语、补语等，与今天汉语基本相同，可以说，它奠定了汉语语法的基础。

以上四点说明甲骨文与今天的汉字是一脉相承的，可以说它是汉字的鼻祖。但与后代文字相比，甲骨文还有其独有的一些特点，表现出一定的原始性，如：

一字异形。字的结构不大固定（见表2），即一个字既可正书又可反写，如

"卜"字、"父"字。字的偏旁可左右或上下移动,如"得"字、"御"字。字的笔画或多或少,如"雨"字,雨点可多可少;"田"字,其内的方格数目不等。类似这样的例子不胜枚举。

表2　甲骨文一字异形字例表

异字同形。如"山"与"火"、"甲"与"七"、"子"与"巳"、"正"与"足"、"月"与"夕"、"六"与"人"、"女"与"母"等,均二字同一形体。合文较普遍。即把两个或三个字刻或写在一起,只占一个字的位置(见表3),两个字的合文较多,如上甲、祖乙、五十、三千等,三个字的较少,如十二月。合文多见于数字、月份、祖先、庙号、习语等。

表3　甲骨文合文文字字例表

(五)殷墟遗迹遗物与甲骨文的关联

前文我们简述了甲骨文的结构,可能有许多古文字研究学者也没有注意到在殷墟遗址和出土文物中,发现了一些与甲骨文有关联的要素或现象。文物遗迹与文字的关联,不仅形象地反映了殷商社会存在的客观事物的主要特征或当时社会的生活情景,也拓宽了我们思考甲骨文内涵的路径。

文物遗迹与文字的对照。这里列举甲骨文中的一些象形字与会意字,将其形体与考古发现的文化遗物或遗迹相对照,探求这些字造字的本义。

钟鸣鼎食:甲骨文的"鼎"字多作，像殷代铜鼎之形。铜鼎有的方形四足,有的圆形三足,此字作二足,是铜鼎的正视图形(见图13,左)。"鼎"字中还见作形的,足下部外撇,两侧出短歧枝,是殷商扁足铜鼎之写照(见图13,右)。

图13　铜鼎

殷人好酒：甲骨文的"爵"字作形，前二字似殷墟铜爵，口部有流，近流处有短柱，腹较深，平底或圜底，下有三足（见图14，左）。第三个字，其特征是长流、瘦长腹、平底，与商代前期及河南偃师二里头所出土的某些铜爵相似（见图14，中、右）。有学者认为，这个"爵"字很可能是在二里头时期就被创造出来了，一直延续到了商代晚期。我们认为还存在另一种可能性，即在殷墟时期，殷人还能见到一些二里头晚期和商代早期的铜爵，故在甲骨文中将此种样式的铜爵特征，形象地描绘出来。

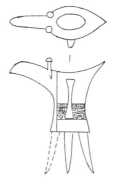

铜爵（晚商）　　　　　　铜爵（商前期）　　　　　　铜爵（二里头晚期）

图14　铜爵

鼓声清脆：甲骨文的"鼓"字像鼓形，中部代表鼓身，上部是鼓之饰物，下部表示鼓架。在殷墟候家庄西北岗1217号大墓中曾出土过鼓和鼓架，仍能看出大概的轮廓。鼓呈圆桶形，体腔中空。鼓面的皮用鳄鱼皮制成，皮面上画有朱红色宽螺旋纹，并粘有"麻片"饰。鼓腔表面也有红、绿、黑色的带纹、波浪纹、饕餮纹图案。鼓高68厘米，两端径60厘米。鼓架为四根木柱，已腐朽（见图15，左）。湖北崇阳出土铜鼓，鼓身如切去两头的橄榄，上端正中有U形钮，下部有长方形圈足，四边中间有缺口。鼓身满饰变形阴线饕餮纹及云雷文。鼓面为椭圆形，径38—39.5厘米。铜鼓通高75.5厘米，重42.5千克（见图15，中）。铜鼓的轮廓，与甲骨文的"鼓"字相似。殷墟陶文中也发现双手持锤击鼓的"鼓"字（见图15，右）。

图15 鼓与"鼓"字

戈砍人头：甲骨文的"戠"字作 形，似以戈砍劈人头之状。被砍之人作 形，于省吾将 释为黑。西周金文的"黑"字作 ，唐兰谓 表示受墨刑的人。

一般认为，商代已有墨刑，至于哪些字表示此种刑罚，至今尚无定论。疑西周金文"黑"字之意源于商代。若此推断可以成立，"戠"字的原意是以戈砍受过墨刑之人的头颅，引申为杀戮人牲的一种方法。殷墟黑河路M745出土的人骨中，曾发现人的头骨顶部有四处铜戈的残片，可与此字相印证（见图16）。

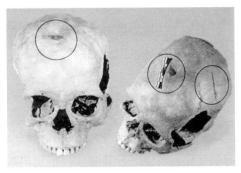

图16 有铜戈残片的人头骨

折辕断轴：殷墟已发现了近百座车马坑，从中清理出二三十辆较完整的马车，还清理出多条车辙。将考古发现的有关车的遗迹与甲骨文"车"字（见图17）相对照，能使我们加深对商代车子结构及用途的认识。甲骨文中还发现有车辕或轴断裂的"车"字。如中国国家博物馆藏王宾中丁·王往逐兕涂朱卜骨刻辞（《合集》10405正）中，记载了商王田猎时发生一起"车祸"的情况，刻辞中可以看到断轴的"车"字，形象明确，妙趣横生，有学者将其释读为"辍"字（见图18）。

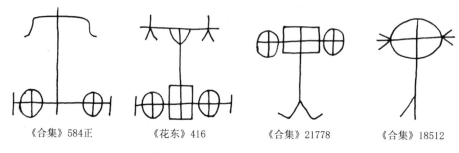

| 《合集》584正 | 《花东》416 | 《合集》21778 | 《合集》18512 |

图17　甲骨文中的"车"字

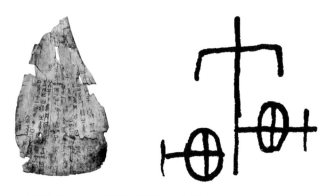

图18　王宾中丁·王往逐兕涂朱卜骨刻辞中断轴的"车"字

类似上述取象简朴、写形传神、贴近生活，与殷墟遗迹遗物相关联的甲骨文字还有不少，这里不再列举。

（六）甲骨卜辞的类组

从盘庚迁殷至帝辛亡国一直以殷墟为都，在这二百五十多年，甲骨文必然会有所变化，若能区分其时代，辨别出哪类卜辞属于哪一代王，对研究商代后期的政治、经济、文化的发展变化是很有意义的。

一百多年来，学者对此问题进行了长期的探索、研究并取得了重要的进展。目前，学界的看法是：殷墟卜辞按其性质可分成两大类，一是王卜辞，一是非王卜辞。前者存在于武丁至帝辛时代，其流行的先后次序为师组卜辞、宾组卜辞、出组卜辞、何组卜辞、无名组卜辞、历组卜辞和黄组卜辞。非王卜辞主要存在于武丁时代，包括子组卜辞、午组卜辞、非王无名组卜辞和花东H3卜辞。关于组的名称，学术界是采用该组中出现较多、最有代表性的贞人名字命名。各组的字体风格也有不同（见表4）。

表4　甲骨文字体风格表

期别	卜辞组别	字体风格
一期	宾组	大多数卜辞用笔方折。大字：粗壮健劲，雄伟豪放。
		中小字：瑰丽端庄，规矩整齐。
		少数圆笔大字卜辞，结字浑润，婉转流畅。
	师组	大字：书风多近象形，结体宽绰古拙，点画丰润饱满。
		小字：挺拔劲健，工整方正。
	子组	文字细小谨饬，笔画柔曲秀润。
	午组	书风方折削劲。结体新颖，刀锋外露（少数卜辞，结体内敛，谨饬，体势方正）。
	花东H3子组	用笔方圆兼备。文字较小，平正工整，秀丽自然。
二期	出组	字体大小适中，书风工整谨饬。
三期	何组	有的书风整齐俊秀，字形结构严整；有的结体险绝，文字欹侧多姿。
	无名组	书风刚劲秀丽，文字多出尖锋，常见断笔。
四期	历组	一类：用笔方折，刚劲险峻，结体新颖，蹙展分明。
		另一类：用笔方圆兼施，点画纤秀，优美流畅。
五期	黄组	卜辞：字体细小，书风工稳遒劲，匀称隽美。
		记事刻辞：书风丰满圆润，潇洒飘逸。

二、惊世的发现

在豫北安阳市西北郊有一座名叫小屯的村庄，其东部与北部被洹河环绕。洹河，又称安阳河，是安阳市的母亲河，发源于西部的太行山脉，在流经小屯村北之后向南弯折，南行几百米之后又向东流去。小屯村处于洹河南岸的河湾内，地势较高，环境优美（见图19）。这个村庄，建于明代中期，数百年来，村民在

图19 鸟瞰殷墟

村东北这块平坦、肥沃的土地上辛勤耕作，过着平静的生活。自甲骨文被发现以后，小屯村逐渐闻名于世，成为学者、收藏家和旅游者向往的地方。

（一）有字的"龙骨"

一说到甲骨文的发现，对于中国普通老百姓来说，首先想到的是中药"龙骨"的故事，这个故事流传甚广，有内容、有情节、有时间、有地点，以至于有关介绍甲骨文的诸多文章中开篇就会提到这个话题。本书也将用较多的篇幅来谈谈甲骨文发现、搜集和流传的过程，一方面让读者了解旧社会甲骨流失心酸的历史，一方面看到那些有识之士孜孜以求的精神和卓越贡献，学术界确定和纪念甲骨文发现的年代，也是对他们的一种纪念。

故事还得从清朝末年说起，小屯村的农民在农田中翻耕土地时，经常从土中翻出许多骨头，这些骨头有大块的、小块的，形状不一，有的上面还有刻划。起初，他们对这些骨头并不在意，随手将它们扔到田埂上，或用它们来填塞枯井，还有人将这些骨头砸碎，掺上人的粪便，撒到田里做肥料。后来，在村民中传出一个消息，说这些骨头是可以治病的"龙骨"，于是，大家便又把它们收集起来，一部分留给自己用，更多的卖给中药铺。

这个消息是来自剃头匠李成，是他最先将这些骨头出售给中药铺的。据说，他曾染上一身脓疮，脓水流淌，奇痒无比，实在难以忍受，但经济拮据，无钱看病。因他曾经听人说过，地里挖出的那些骨头，碾成粉末之后有吸湿的功效。于是，他便到田埂上捡些骨头片，将之研磨成细粉，涂抹到脓疮上，想不到奇迹发生了，疮面的脓水、血水被骨粉吸干了，皮肉也较快地恢复了原样。

以后，李成除了给人剃头外，还以出售"龙骨"粉配制的"刀尖药"为其副业。每逢彰德府（今安阳市）庙会，他都要前去摆摊出售这些骨粉。还将别人扔掉的"龙骨"统统收集起来，拿到城里的中药店去卖。起初，药店不敢收，李成便当场表演了止血的试验。药店老板觉得这些骨粉可能是中药中的一味叫"龙骨"的药。于是，便以六文钱一斤的价格进行收购。药店收购"龙骨"，不要有刻划痕迹的，大概是觉得这些经人为刻划的骨头，年代不够古老。所以，李成只得用刀子刮去骨上的刻痕。

所谓"龙骨"，实际上是远古时代脊椎动物的骨骼化石。我国的医药学家早就将它作为一种药物用来治病。在明代李时珍的《本草纲目》中，对"龙骨"的医药用途做了较全面的阐述，说它能治小儿惊痫、男子阴虚、女子漏下、伤寒痢疾、创伤出血、泄泻不止等数十种病症。

我国境内的"龙骨"销售地分南北二路，南路货源自川、黔、湘、桂、滇、粤等省，售往广州、香港和南洋，北路货源出于冀、晋，销往上海及华北地区的大城市。小屯发现的"龙骨"，除本地零售外，主要发往北路河北安国和北京的药材市场。所以，在清朝末年，在北京中药店中的"龙骨"，有来自河南安阳小屯村的。

隐藏在中药"龙骨"中的奥秘是谁揭穿的呢？这个功劳应归于王懿荣（1845—1900年）（见图20）。关于他从"龙骨"中发现甲骨文，长期以来，流传着这样一个故事，大意是光绪二十五年（1899年）秋，在北京任国子监祭酒的山东福山人

图20　王懿荣

王懿荣得了疟疾，请医生看病，开具处方后，派人到宣武门外菜市口的达仁堂药店买药。他将买回来的中药打开来一一检验，发现里面一味名"龙骨"的中药上刻有一种从未见过的古文字，非常惊奇。

王懿荣是一位金石学家，搜集青铜器、玺印、货泉、石刻、书籍、字画等，对古文字有很深的造诣。他认为这些有字的"龙骨"，字体"非篆非籀"，年代一定较已知的古文字更为古老，便派人用重金将达仁堂中带有文字的"龙骨"都买回来，同时又收购北京城其他药店的有字"龙骨"。以后他又从山东潍县姓范的古董商手里收购甲骨文。不到一年，他购入的甲骨达1500多片。

上述的故事虽流传很广，但不可靠，学术界相信的人不多。因为，药店不收有字的"龙骨"，小屯村民常把其上的字刮掉才卖。所以，从药店买回来的中药里发现甲骨文的可能性是很小的。另外，当时菜市口外并没有叫达仁堂的中药店，而王懿荣的家在王府井锡拉胡同，附近也有一些大药店，家人不会舍近求远到菜市口买药，因而这个故事不大可信。

但是，王懿荣最早发现与收购甲骨是事实，在他的次子王汉章写的《古董录》的文章和一些早年研究甲骨文的学者刘鹗、罗振玉、王国维、明义士等的著作中都有记载，所以长期以来，学术界都把1899年作为甲骨文发现的年代。

需要指出的是，在王懿荣发现甲骨的前一年（1898年，即光绪二十四年）古董商范寿轩将古器物带到天津出售，他将小屯村民挖出刻字"龙骨"的消息，告诉了天津的秀才孟定生与王襄等人，孟定生猜测，可能是古代的简册。到第二年十月，范氏带不少刻字甲骨到天津出售，孟定生和王襄前往观察实物，认定是"三古遗品"，因财力有限，他们只购买了一些有字甲骨。所以，当我们认为王懿荣是最早发现、鉴别并收藏甲骨的学者，在甲骨学史上的开山之功是不可磨灭的时候，也应该肯定孟定生和王襄在甲骨文发现和鉴藏方面做出的贡献，他们在甲骨学史上也应占有一定的地位。

（二）搜集和流传

最先发现甲骨文的王懿荣，和甲骨只有不到一年的缘分。1900年7月，八国联军入侵北京，慈禧太后携光绪帝仓遑西逃。王懿荣被临危受命为京师团练大臣保卫京城。他是一介文官，无带兵指挥作战的经验，而清朝末年的军队很腐败，多是乌合之众，毫无战斗力，所以无法抵御敌人洋枪大炮的攻击。当八国联军攻入北京时，王懿荣投井自尽，以身殉职，是一位视死如归的爱国主义者。他高尚的民族气节，受到后人的怀念与敬仰。

王懿荣为官清廉，家庭经济入不敷出，有时为了收购古文物，还要向亲朋借债。在其死后第二年（1901年），其长子王翰生为了还债，忍痛将家中珍藏的1500多片甲骨全部卖给了刘鹗。

刘鹗（1857—1909年），江苏丹徒人，字铁云。他是王懿荣的朋友，著名小说《老残游记》的作者，也是一位喜爱收藏古物，造诣深湛的金石学家（见图21）。在王懿荣的影响下，他从1901年开始搜集甲骨，到了1903年，共收购了5000多片刻辞甲骨。这一年的10月，他从自藏的数千片甲骨中，挑选了1058片，

图21　刘鹗

图22　《铁云藏龟》封面

编成《铁云藏龟》一书出版（见图22）。这是著录甲骨文的第一部著作。刘氏在自序中不但叙述了甲骨文出土发现的过程，还明确指出甲骨文是"殷人刀笔文字"。他还释读了几条卜辞，在他所认的40多个甲骨字中，有34个字是正确的，其中包括19个干支字和2个数字。可见他不仅是甲骨收藏者，还是最早研究、考释甲骨文的学者之一。1908年，刘鹗因庚子年（1900年）向俄军购买他们所占的太仓中储藏的大米赈济北京饥民一事，遭到顽固派袁世凯的陷害，被流放到新

疆。第二年7月，满腔怨恨的刘鹗，在迪化（今乌鲁木齐市）突发脑溢血去世。

继王懿荣、王襄、孟定生、刘鹗之后，较早购藏甲骨的还有端方和罗振玉。端方虽然也搜购了上千片甲骨，但他不善鉴别，藏品中伪片甚多，在学术界影响不大。

图23　罗振玉

罗振玉（1866—1940年），祖籍浙江上虞，生于江苏淮安，字叔言，号雪堂（见图23）。他与刘鹗是多年知好，儿女亲家。二人虽性格相异，但均酷爱金石学。罗振玉于1901年在刘鹗家中看到甲骨文，感到惊奇和欣喜。认为"此刻辞中文字与古文或异，固汉以来小学家若张（敞）、杜（林）、扬（雄）、许（慎）诸儒所不得见者也"。从此，他对甲骨文产生了浓厚的兴趣，积极支持刘鹗出版《铁云藏龟》，并为该书作序。罗氏也是一位著名的金石学家，善于鉴别古物，又具有丰富的古文字知识。1906年，因奉调学部到北京，便开始搜集甲骨文。他财力雄厚，搜集甲骨又不遗余力，所以收获甚丰，共搜集到甲骨文30000多片。从1913年开始，他从所藏甲骨文中选出数千片编成《殷虚书契前编》（见图24），后来又陆续出版了《殷虚书契菁华》（见图25）、《铁云藏龟之余》、《殷虚书契后编》、《殷虚书契续编》等书。在甲骨文的搜集和流传方面，罗氏做出了很重要的贡献。

甲骨文的发现，也引起一些旅居中国的外国人士的注意，他们通过各种手段进行收购。

图24　《殷虚书契前编》内文

图25　《殷虚书契菁华》封面

美国驻山东潍县传教士方法敛和英国驻山东青州传教士库寿龄是最早收集甲骨的外国人。1903年，他们从古董商手中购进许多甲骨，并将其中400多片转卖给上海英国人所办的亚洲文会博物馆。1904年、1906年，他们又陆续收购了几批甲骨。后来库、方二人把这些甲骨转卖给美国卡内基博物馆、斐尔德博物院，英国苏格兰皇家博物院、大英博物馆。英国人金璋于1908年，德国人威尔茨、卫礼贤于1911年前后，也搜集了不少甲骨。这些甲骨亦先后被运往国外，卖给德国和瑞士的博物馆。据估计，早期欧美人收购的甲骨，至少在5000片以上。

加拿大人明义士，是长老会驻彰德府的牧师。1914年春，他得知甲骨出于小屯村后，就经常骑一匹老弱的白马，到洹水南岸，察看古物出土的情形。从这一年开始，他就热衷于收集甲骨。一方面他亲自到小屯直接向村民收购，另一方面又通过古董商购买。在外国人当中，明义士所得最多。至1926年，他购得的刻辞甲骨，已达35000多片，其中有一批甲骨，现在藏于加拿大多伦多皇家安大略博物馆中。

日本人西村博、三井源右卫门、林泰辅等也较早收集甲骨。特别是林泰辅，还于1918年赴安阳调查和收购古物。据不完全统计，散失在日本的甲骨有10000多片。至今，日本的许多大学和一些地方的博物馆、图书馆都藏有殷墟出土的甲骨。

（三）寻觅出土地

早年的甲骨收藏家所得之物，都是从古董商手中购得的。这些古董商人为了以甲骨牟取暴利，便对甲骨出土地秘而不宣。在收藏家的追问下，他们故意说出几个错误的地点来搪塞。有的说甲骨出于河南汤阴羑里城，有的说出于河南卫辉，还有的说出于河南淇县朝歌。王懿荣、刘鹗、林泰辅等都相信了他们的假话，连罗振玉也曾一度认为甲骨出自汤阴。

随着罗振玉收藏甲骨的数量逐渐增多，他对甲骨文的研究也日益深入。他逐渐发现古董商所说的甲骨出土地点是有问题的。因为，在他的藏品中，有不少卜辞涉及王的活动。王居住在都城，那里也应是甲骨的出土地。而古董商所说的汤阴、卫辉、朝歌，在晚商时只是王畿之地，并非王都。那么，当时的王都在何地呢？这一问题反复在罗氏的脑海中萦绕。所以，他曾经多次向古董商人询问甲骨出土的真实地点。1908年，他终于从古董商范维卿的口中得知甲骨出于河南安阳洹水南岸的小屯村。对于此事，他感到很高兴，故在其著作中一再提及。如他在《殷虚古器物图录·序》中写道："光绪戊申，予既访知贞卜文字出土之地为洹滨之小屯，是语实得之山左沽人范某。"两年后，罗氏便派人前往该地收购甲骨。

1910年，罗振玉委托北京琉璃厂的朋友祝继先和内弟范恒轩一起去安阳小屯收购甲骨。他们这次安阳之行收集到一批龟甲，多是较大片字数较多的，未收字少或小块的。1911年，罗振玉又派胞弟罗振常和内弟范恒轩再次到安阳买甲骨。临出发前，罗氏殷切地嘱咐他们，龟甲与兽骨"必须兼收并蓄"，又说与龟甲同出的其他器物，即使不知其名，只要能确定它是古代遗物，也应当收购。

罗、范二人于农历二月十七日到安阳至四月初二才回京，共住了52天。他们遵照罗振玉的意图办事。罗振常在《洹洛访古游记》（1936年出版）中记载了此行的情况。他们共收购甲骨13000多片，其中有4块武丁时的大块骨版，其上文字较多，大字涂朱，内容很重要，涉及天气状况、王的出行、田猎、方国关系、奴隶逃亡等事，是甲骨文中的珍品，后来刊载于《殷虚书契菁华》一书中。据董作宾的回忆，他于1930年曾到旅顺看望罗振玉，罗氏将这4块大胛骨取出供他鉴赏。他看到其上"契刻的文字满填着朱砂，色泽如新"。而此前他在殷墟发掘所获的字中填朱的卜骨，多为小碎片，这令他大开眼界，十分高兴。

罗振常、范恒轩还收购古董商人不买的较碎小的有字龟甲片，如得到一些帝乙、帝辛时的刻字卜甲，这对以后学者研究帝乙、帝辛时代的周祭，实为重要资料。他们除收购甲骨外，还购了骨笄、骨镞、骨管、骨雕残器、玉磬、石磬、玉壁、贝、兽角、兽骨等古物。

罗、范安阳之行，不但关注甲骨及商代文物，还注意考察殷墟小屯的地理环境。罗振常在书中记述，安阳城西北的小屯村，洹水围绕村之东北，村西二十里外有连山，亘南北，村民也称之为西山。小屯之南二三百步，是花园庄村。洹河水宽处七八丈，狭窄处二三丈，水清澈。小屯南有一洹水支流，自西向东流向漳德府城，这是人工开凿的灌渠。出甲骨的地点主要在小屯村北洹水南的地段。

罗、范在村民的引导下到该处考察。在村北偏东，看到田地里有一些早年村民挖掘出土甲骨的坑穴，呈长方形，长七八尺、宽四五尺、深二三尺，这些旧坑现在已经不出甲骨了。离旧坑不远，有十年前发掘的新坑，至今尚出甲骨，村民还在挖掘。不论旧坑与新坑，都处于洹水环绕的高地上。在小屯村南部的村口地带，他们见到一个较大的长方坑，深三四尺，据村民说，该坑过去出过许多有字卜骨，后因挖掘时土块从坑边崩落下来，压伤一挖掘者的腰部便停工了。可知小屯出甲骨之地，除村北外，还有村中、村南，只是村子中有居民住宅不便发掘而已。

1915年春天，罗振玉亲自到他魂牵梦绕的殷墟小屯村。他向村民打听到出甲骨之地在村北洹水之滨的40余亩农田里，便迫不及待地前往踏测。他看到田地里的无字小片甲骨比比皆是，除甲骨外还有较多的蜃壳（蛤蜊）与古兽角，便俯下身来，拾得甲骨数捧和古兽角一件。他还到村中向村民收购古物，购得用蜃壳为材料的一枚贝璧，纹饰与古玉蒲璧相同。他非常兴奋，情不自禁地说："获此奇品，此行为不虚矣。"1916年，罗氏将这件贝璧与罗振常、范恒轩1911年到安阳收购的古文物拍成照片制版，刊载于《殷虚古器物图录》一书中。罗振玉的殷墟之行是我国甲骨学者第一次到甲骨出土地考察。对此，著名学者郭沫若曾给予高度评价，他说："罗氏在中国要算是近世考古学的一位先驱者，……这种热心，这种识见，可以说是从来的考古家所未有。"

罗振玉日以继夜地研究甲骨文，他认识到小屯不单是出甲骨之地，而且还是殷代的都城，是两汉以来史书中所载的"殷墟"。小屯甲骨是殷王朝的遗物。1910年，他在《殷商贞卜文字考》自序中说："发见之地乃在安阳西五里之小屯而非汤阴，其地为武乙之墟；又于刻辞中得殷王名谥十余，乃恍悟此卜辞者实为殷室王朝之物。"1915年，在《殷虚书契考释》（见图26）自序中，他进一步指出："洹水故墟，旧称亶甲。今证之卜辞，则是徙于武乙去于帝乙。"虽

图26　《殷虚书契考释》
封面

然罗氏定小屯为武乙之墟或武乙至帝乙三世之都城是不妥的，但他对甲骨出土地和性质的确定是正确的，从而纠正了唐代杜佑的《通典》及宋代吕大临的《考古图》以洹水之滨的殷墟为河亶甲城之误。罗氏的论证方法，开启了以卜辞证史的先河，对以后甲骨文的研究及殷墟发掘起了推动作用。

图27　王国维

后来，王国维（1877—1927年），浙江海宁人，字静安，号观堂（见图27），通过对卜辞内容的研究，进一步考订殷墟之时代为盘庚至帝乙。王氏将殷墟之时代从罗振玉说的武乙、文丁、帝乙三代扩展到七代十一王，这是一个很大的进步。

参加殷墟发掘的董作宾，通过对甲骨文及其出土的坑位，与之共出的遗迹、遗物状况的研究，认为《竹书纪年》所载的"自盘庚迁殷，至纣之灭，二百七十三年，更不徙都"，是完全可信的。从此，小屯一带作为盘庚至帝辛八代十二王的晚商都城被确定下来了。

（四）发现的意义

1903年，《铁云藏龟》出版。著名经学家、金石学者孙诒让（1848—1908年），浙江瑞安人，字仲安（见图28）。他看到我国第一部著录甲骨文的书籍，兴奋不已。废寝忘食，足不出户，精心研读。经过几个月的时间，写成第一部考释甲骨文的著作《契文举例》。尽管该书错释的字较多，但仍有对100多个字的释读，至今确不可易。他在书中还首次对甲骨文按内容进行分类。孙氏在考释甲骨文字上的披荆斩棘之功应予充分肯定。

图28　孙诒让

继孙诒让后，罗振玉出版了《殷商贞卜文字考》和《殷虚书契考释》，他考释出500多个甲骨文字，使许多卜辞，基本上可以通读。以后，王国维在文字考释的基础上，用甲骨文来研究殷代历史，于1917年发表了《殷卜辞中所见先公先王考》和《殷卜辞中所见先公先王续考》两篇著名论文，对甲骨卜辞中所见的殷代先公王的名称、世系和《史记·殷本纪》中所载的殷代先公先王的名称、世系一一做了对照，发现《殷本纪》中的先公先王之名绝大多数都出现在卜辞中，从而证明司马迁作的《殷本纪》基本上是正确的。他还纠正了《殷本纪》在帝王、世次、称号上的一些错误。例如，甲骨文中的先公"王亥"，《殷本纪》误写作"振"，甲骨文所记上甲以后殷王的世次是报乙、报丙、报丁、示壬、示癸，而《殷本纪》误为报丁、报乙、报丙、主壬、主癸，甲骨文称中宗的是祖乙，《殷本纪》误作大戊，还有，甲骨文中的"康丁""文丁"，《殷本纪》误为"庚丁""太丁"，等等。

郭沫若（1892—1978年），四川乐山人，字鼎堂（见图29）。在评价王国维的贡献时曾说："卜辞的研究，要感谢王国维。是他，首先由卜辞中把殷代的先公先王剔发了出来，使《史记·殷本纪》和《帝王世纪》等书所传的殷代王统得到了物证，并且改正了他们的讹传。"又说："我们要说，殷墟的发现，是新史学的开端；王国维的业绩，是新史学的开山，那是丝毫也不算过分的。"这段话是恰如其分的。不但高度评价了王国维对甲骨学的贡献，而且还正确指出殷墟发现的意义。

图29　郭沫若

众所周知，商代距今三千多年，关于殷商的文献史料很贫乏。有学者统计，现在我们所看到的先秦典籍中保留的商代史料，总共不足五千字。自辛亥革命以后，我国历史研究受到西方的影响，疑古之风甚盛。疑古派认为，夏代只是传说的堆积，殷商历史无征可信，西周以前的历史都不可靠。在疑古之风的影响下，不少人对殷商历史存在疑问。所以，甲骨文的发现与研究，殷墟的考订，给疑古派一个沉重的打击，它如一道冲破浓雾的阳光，给史学界带来了光明，带来了希望，为我国新史学的建立与发展奠定了良好的基础。殷墟甲骨文的发现，不但把我国有文字可证的历史上推了几百年，而且这批全新的古文字资料，极大地推动了我国古文字学的发展。甲骨文数量多，内容丰富，涉及殷代的政治、经济、文化、意识形态等各个方面，对全面复原殷代历史与社会生活具有重要意义。

甲骨文是世界四大古文字之一，是独一无二的、连续传承了三千多年发展成今天的汉字。它是中华优秀传统文化的根脉。甲骨文的发现，是中华文明乃至全人类文明发展史上的一件大事，为推动中华文明及世界文明的进程做出了巨大贡献。

（五）科学的发掘

自甲骨文发现以后，由于它具有很高的学术价值，所以收藏家和金石学者不惜重金搜求，这样一来，它的售价日益昂贵，从过去一斤才卖制钱六文的龙骨，飙升到每版二两，因而出售甲骨成为有利可图的事。这就导致小屯村村民在村北、村中、村南到处开坑乱挖甲骨。据统计，从1899年至1928年，村民私掘甲骨的活动，规模较大的，可知发掘具体地点的有9次，共挖掘出甲骨达10万片左右。村民的私掘，旨在掏取甲骨，对甲骨埋藏状况及周围的遗迹全然不顾，许多与甲骨同出的器物（除少数铜器、玉器外）往往全被毁掉。这样的乱挖，使殷墟遗址遭到极大的破坏，可以说是"所得者一，所损失千矣"。同时，由于外国人的染指，数以万计的甲骨流散国外，给我国学术事业带来巨大的损失。上述情况，使学术界感到焦虑。不少学者呼吁由政府出面组织考古发掘，不要再让甲骨遭到破坏。

1928年10月，国立中央研究院历史语言研究所（以下简称"史语所"）在广州成立，由著名学者傅斯年任所长。史语所在筹备的时候，就很关注殷墟甲骨的保存状况，因为按照一些收藏家的说法，殷墟经过多年的私人乱掘，小屯甲骨已"宝藏一空"了。在1928年8月，傅斯年派考古组通讯员董作宾（1895—1963年），河南南阳人，字彦堂（见图30），到安阳小屯调查甲骨出土情况。

图30　董作宾

董作宾于1928年8月12日到安阳，他先访问了一位中学校长，又到城中的"尊古斋"古董商店与店主交谈，了解到近几年小屯村还不断有甲骨出土。然后，他亲自到小屯村调查，从村民那里收购到小片有字甲骨百余片，又到村东北洹水西岸的沙丘上踏测地貌。他见到村民新近挖甲骨的穴坑十几个，还在一个坑的旁边，捡到一片无字的卜骨。这次调查的结论是"甲骨挖掘之确犹未尽"。董作宾向史语所做了汇报，建议尽早对殷墟进行发掘，他说："迟之一日，即有一日之损失，是则由国家学术机关以科学方法发掘之，实为刻不容缓之图。"

1928年秋，史语所开始了殷墟的发掘工作。从1928年秋至1937年6月共进行了15次，以下简述发掘中甲骨文出土的情况：

第一次，1928年10月13—30日，分三区（见图31）进行，一区在村东北，二区在村北，三区在村中，获字甲555片，字骨299片，共计854片。其中，在村南大路上的36号坑出土甲骨最多，出刻辞卜甲135片，全部为"师组卜辞"，还出无字龟甲175片。

第二次，1929年3月7日至5月10日，在小屯村中、村南、村北发掘，获字甲55片，字骨685片，共计740片。

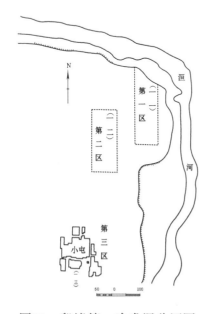

图31　殷墟第一次发掘分区图

图32　大龟四版之二《甲》2122

第三次，1929年10月7—21日及11月15日至12月12日，在小屯村北高地和村西北的霸台发掘，获字甲2050片，字骨962片，共计3012片。在村北大连坑南段的H15坑中，发现了四大版刻辞卜甲，这是在殷墟考古中第一次发现比较完整的、内容重要的大版卜甲（《甲》2122，见图32）。两年后，董作宾写了《大龟四版考释》，首创了"贞人说"，即他考订出卜辞中"卜"与"贞"之间的字，是贞人的名字，还提出了甲骨文断代的八项标准。在大连坑中段偏南的H6坑，发现一件刻辞鹿头骨（《甲》3941，见图33），在大连坑的横十三、五丙坑内，发现一件刻辞牛头骨（《甲》3939，见图34）。

图33　鹿头刻辞（《甲》3941）　　　　图34　牛头刻辞（《甲》3939）

第四次，1931年3月21日至5月12日，在小屯村北、四盘磨和后冈发掘。在小屯获字甲751片，字骨31片，共计782片。在后冈出土了一块有字骨版，刻有"丙辰受禾"四字，这是小屯以外首次发现的甲骨文。在小屯北发现的E16坑，出土刻辞卜甲285片，刻辞卜骨4片，多属"师组卜辞"和"宾组卜辞"，与甲骨共出土的还有不少陶器、铜器、石器等，时代较早，因此在甲骨文断代上有较重要的意义。在E10坑，发现一件较完整的刻辞鹿头骨。

第五次，1931年11月7日至12月19日，在小屯村北、村中及后冈发掘，获字甲275片，字骨106片，共计381片。

第六次，1932年4月1日至5月31日，在小屯村北、高井台子、王裕口等地发掘，在小屯获字骨1片。

第七次，1932年10月19日至12月15日，在小屯村北发掘，获字甲23片，字骨6片，共计29片。值得指出的是，在此次发掘中，在一片白陶片上发现一个毛笔墨书的"祀"字（见图35），锋芒毕露，其字形、结构均与

图35　"祀"字白陶片

甲骨文的"祀"字相同。由此可以推断，笔墨的使用，并非秦代蒙恬的发明，早在商代后期即已出现了。

第八次，1933年10月20日至1934年1月24日，在小屯、四盘磨、后冈发掘，获字甲256片，字骨1片，共计257片。

图36　大龟七版之二《甲》3914

第九次，1934年3月9日至5月31日，在小屯北、侯家庄南地、武官村南霸台、后冈发掘。在小屯获字甲438片，字骨3片，共计441片。在小屯发掘之际，侯家庄村民侯新民在村南私掘出几十片甲骨，故考古队于4月2日至5月31日往侯家庄南地发掘，获字甲8片，字骨8片，又从村民处购得有字甲骨31片，共计甲骨总数为47片。这次发掘，最重要的收获是"大龟七版"的发现。1934年4月11日下午5时，它们出于HS：20大灰坑东北角深1.5米的黄色硬土中。出土时分成南北两组，南组是6个完整的反面朝上的龟腹甲，相互牢固地粘贴在一起，北组是几块破碎的背甲，

压住了6块腹甲的一部分。这时天色已晚，石璋如等发掘者，将几块龟甲连同粘贴它的硬黄土一并挖起，用厚软的棉絮垫裹，带回安阳城考古队的住地。当夜，他们用热毛巾敷在龟版上，将硬黄土敷软了，再细心地剔剥，经5个多小时的努力，才将这7版卜甲清理出来。

这7版卜甲，6版腹甲，1版背甲，其上密布文字，有137条卜辞，绝大多数是贞人"狄"占卜的记录（《甲》3914，见图36），属第三期禀辛、康丁时代的卜辞，内容涉及田猎、祭祀、战争、行止等，为甲骨文和商代史的研究提供了珍贵的资料。

图37　"亚雀"角器（《甲》3942）

第十、十一、十二次，1934年10月至1935年12月，在侯家庄西北冈发掘，发掘了11座带墓道的大墓和1000多座祭祀坑及小墓。大墓均遭盗掘，仍出土了不少珍贵的文物。这三次发掘虽未发现甲骨卜辞，但在一些陶、石、骨、角器上发现一个或几个"款识文字"，如M1001大墓出的一件鹿角器，刻有"亚雀"二字（《甲》3942，见图37），一件骨笄上刻有"昌入二"三字，4件骨匕上刻有"大牛"二字。

第十三次，1936年3月18日至6月24日，在小屯北发掘，获字甲17756片，字骨48片，共计17804片。这次发掘最大的收获是发现YH127坑，出土刻辞甲骨17096片（详见后文）。

第十四次，1936年9月20日至12月31日，在小屯北和大司空村发掘，于小屯北获字甲2片。

第十五次，1937年3月16日至6月19日，在小屯北发掘，获字甲549片，字骨50片，共计599片。此次发掘最大的收获是在H251与H330两个坑内出土了刻辞卜甲359版（H251，281版；H330，78版），其上的刻辞不记贞人名，在字体、文例与内容上与王卜辞不同，有显著的特点，属于非王卜辞，时代大约相当于武丁早期。这两坑卜辞对非王卜辞及甲骨文分期断代研究有重要的学术价值。

以上殷墟15次发掘共获有字甲骨24918片。在1928年至1937年间，河南省博物馆何日章等也于1929年10月、1930年2月20日至3月9日两次到小屯进行发掘，获字甲2673片，字骨983片，共计3656片。这些甲骨，在孙海波编的《甲骨文录》（1937年出版）中收录了930片，关百益编的《殷虚文字存真》中也收录800片（该书分八集，每集收百片，于1931年至1935年陆续出版）。

1949年10月1日，中华人民共和国成立。1950年春，中国科学院派郭宝钧到安阳主持恢复已中断十二年的殷墟考古工作。郭宝钧等在洹北武官北地的王陵区东区，发掘了一座带两条墓道的殷代大墓，该墓虽经多次盗掘，仍出各类文物数百件。在洹南的四盘磨村发掘，在SP11小探坑内发现一片卜骨，上面有三行由数字组成的刻辞，文例和行款与一般的卜辞有所不同，后经学者研究，认为这类数字是古代的易卦。

1950年8月，中国科学院考古研究所（以下简称"考古所"）成立。从1950年至今，考古所领导的殷墟发掘工作，除1966年至1968年，因"文化大革命"暂停了两年多外，基本上每年都有考古工作。下面将这七十年来殷墟各地点发现甲骨文的情况做一概述。

小屯一带，仍是出甲骨文最多的地方。自1955年至2020年，在村东南、村南、村中、村西及村北，陆续有刻辞甲骨出土。共发现刻辞卜骨5731片，刻辞卜甲205片，共计5936片。其中，以1973年小屯南地出土最多（详见后文）。

花园庄南地与东地，1991年在花园庄南地出土刻辞牛骨5片，1991年在花园庄东地H3坑出土字甲684片，字骨5片，共计689片（详见后文）。

薛家庄南地，1957年出字甲1片。

后冈。1971年，在一座小墓中，发现有字残骨1片。

苗圃北地。自1959年至2002年，经过数次发掘，发现字骨4片，字甲3片，共计7片。

刘家庄北地。1995年与2011年的发掘，发现字骨4片。

王裕口南。2010年发掘，发现字甲3片。

白家坟。1997年与1999年发掘，发现字骨5片，字甲1片，共计6片。

孝民屯西南。2005年，在一座有两条墓道的大墓中，发现一件骨匕，上有绿松石镶嵌的骨雕文字16个（见图38），内容记述王外出田猎之事，字体圆润流畅，是甲骨文中的珍品。

大司空村。自1953年至2016年，陆续有甲骨文出土。发现字骨6片，字甲9片，共计15片。其中，2004年，在H114坑中发现的一版干支表，上有125字，是新中国成立以来出土文字最多的干支表（见图39）。2010年，在大司空村东北的H37坑中，发现了一块刻辞牛肩胛骨，正反两面均有文字，正面14行67字，反面7行44字，共111字，每行字之界有清楚的界栏，内容是与战争有关的记事刻辞，但因骨版属肩胛骨之残片，文字不能通读。该片刻辞，刀法娴熟，书风雄伟遒劲，行款整齐，有较高的书法艺术价值（见图40）。

郭家湾村北。

图38　镶嵌绿松石的骨雕文字

图39　干支表

图40　牛骨刻辞（正、反）

1994年，在一座殷墓的填土中发现刻辞卜骨1片，上有35字，属田猎卜辞。

洹北商城。1999年，在探方T11第3层，发现残骨匕一件，上刻"戈亚"二字，字大，笔道粗壮，书风雄健。这片骨匕的时代约当盘庚、小辛、小乙时期，是目前殷墟出土的时代最早的字骨（见图41）。

以上12个地点共发现字甲900片，字骨5754片，总计6654片。

在殷墟多次甲骨文的发掘中，有三次最重要的发现：YH127坑、小屯南地、花东H3坑，下面依次详述。

0　　　　2厘米

图41　"戈亚"残骨匕

三、巨藏"一二七"

在甲骨文的科学发掘历程中，著名学者董作宾曾经说过："这真是应该大书特书的一件事，也是15次发掘殷墟打破纪录的一个奇迹。"著名学者石璋如也曾感叹"这是一个空前未有的大发现"。那么两位学术大家用"打破纪录""空前未有"等如此高的评价来形容的这个奇迹是什么呢？这就是安阳小屯北YH127坑的甲骨发现。

石璋如参加了这次发掘，1998年5月，我应邀到台湾参加纪念甲骨文发现100周年学术会议，会务组专门为石璋如老先生和我做了"殷墟考古老少谈"的学术活动，石老特别介绍了YH127坑的情况。本书将根据他撰写的发掘报告、访问记录及"老少谈"等内容，也详细讲述一下此坑出土甲骨前前后后的情况。

（一）意外的发现

YH127坑，位于小屯村北张家七亩地中，是殷墟第十三次发掘时C113探方中部乙十二基址的一个旁窖。第十三次发掘于1936年3月18日开工，原计划6月12日结束。6月12日上午，在YH117和YH121的下面，距地表1.7米处，发现了一个圆形的窖穴，是这次所挖的127个窖穴的最后一个，编号为YH127。该坑坑口直径不大，只1.8米，坑内的土色发灰，较松软，遗物很少。像这样的灰土坑，在殷墟遗址中是司空见惯的，所以考古工作者认为这个坑应该当天能清理完，整个发掘工作会如期结束。

记得石璋如访问记录中曾说过，之前大家还在开玩笑说，以前发掘近结束时都会有一个新发现向我们"招手"，让我们下一次早点来，而这次东西虽然不少，却无新发现。

玩笑成真，第13次发掘原定结束的这一天，YH127坑果然向考古人"招手"了！下午4时，王湘在YH127坑的北壁偏东，在坑口下0.5米深处发现一块有字的卜甲紧贴于坑壁，便用小铲子轻轻地在坑壁上向下一刮，想看看这块卜甲下面是否还别的东西，没想到龟甲连续不断一块接一块地出现了，于是赶快进行清理。到了坑口以下0.7米时，出甲骨的范围越来越广，差不多半个坑的坑壁上都贴有甲骨，而且坑内其他的地方也发现甲骨，数量愈来愈多，成层的龟甲一版叠压着一版，令人眼花缭乱，目不暇接。主持第十三次发掘的郭宝钧，看到出了这么多甲骨，决定延长一个半钟头才收工，让王湘、石璋如赶快揭取。没想到到了五点半钟，王、石二位在半立方米的灰土层中竟然取出了3000多块卜甲（大多为小片），大家十分兴奋。因天色已暗，为了保护坑内甲骨的安全，让民工将一些松土回填进坑，由懂蒙古文的魏善臣在上面用石灰写了几个蒙古文作为记号，因为懂蒙古文的人少，即使是来了窃贼，他们也无法在盗掘后依样画葫芦复原，又派几个民工住在坑边看守。

晚饭后，考古组成员还在考虑发掘工作中的问题，他们觉得下午清理甲骨时，由于光线不足，无法照相，是个很大的遗憾，计划明天一定要照几张甲骨出土的照片。他们也预测了几种情况：如果明天只再出几片，不再续出，那可糟了；如果明天甲骨仍然大量续出，大家开玩笑说，要准备两个大箩筐，让工人们往考古站抬便好了。

第二天一早考古组成员就来到工地，看到蒙古文还在，便叫民工掏出浮土，挖出坑形。YH127坑没有辜负人们的期望，不是两箩筐的甲骨，而是字甲成层，接连出土，弄得考古队员手足无措。原来坑内蔓延的字甲由北向南倾斜，重重叠叠不知道有多少层。因坑的面积不大，仅能容二人站立，清理甲骨是一个极细致的工作，开始还比较顺利，露出的甲骨不是太多，动作还比较方便，后来甲骨多起来，一不小心便会踩到卜甲上，因此两只脚只能固定在一个地方，弯着腰剔剥甲骨，时间一长便腰酸背疼，腿脚发麻。一直到下午4时，才把压在甲骨上的灰土层清理完毕。这时出现在他们眼前的大多数都是整版的龟甲，有的正面朝上，有的反面朝上，正面朝上的卜甲有的字大，有的字小，还有朱书和墨书的，如此壮观的景象是前所未见的（见图42）。

图42　YH127坑发掘全景

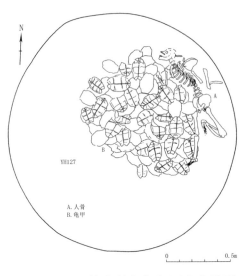

N

YH127

A. 人骨
B. 龟甲

0   0.5m

图43　YH127坑人骨架与龟甲出土情形

在清理甲骨的时候还发现一具人骨架。人骨架背倚北壁仰置，头向西北，膝向东南，呈单膝跪坐的姿态。人的躯体大部分被埋在龟甲之中，只有头及上躯露在龟甲层以外，似乎在倾入龟甲之后此人才入坑内的（见图43）。石璋如推测，此具人骨架是掌管甲骨的人员，在埋入龟甲之后以身殉职。石氏的观点可备一说，另有学者认为，此具人骨架是在掩埋甲骨过程中举行祭祀仪式所用的人牲。

为了取出甲骨时能保持龟甲原版不破裂，先用水洒在甲面，使其下面附着的土变松软，易于取出。但由于龟甲埋藏年代久远，起取时仍会产生破裂，而且这些龟甲多层叠压，互相交错，取一版完整的，有时会碰破其下的一版。他们细致地将每版卜甲分辩清楚，将揭取时裂成多片的同一版卜甲放在一个包内，包外注明号数。到了天黑的时候，揭取下来的甲骨已装满四大箩筐。取罢这批甲骨后，他们又在坑的南部往下再探0.4米仍有卜甲。为了保护这坑珍贵的甲骨，考古人员、发掘工人及10名荷枪实弹的士兵均露宿在坑边看守。

考古队员因取得重大收获难以入睡。反复讨论下一步工作。考虑到埋藏了三千多年的龟甲很脆弱，经不起安阳六月烈日的灼炙，决定停止在工地揭取，做一个大木箱子，把出甲骨的一段灰土整个装进大木箱里，运回南京在室内起取。

（二）套箱与上运

14日早上，考古队员首先以YH127坑为中心，向四方各量出5米，做成一个长宽各10米，面积达100平方米的探方。然后让工人向地下挖至深2.5米，与出土大批甲骨的地面相平。接着，仍以坑为中心，把范围缩小到25平方米，将坑以外的土层全部往下挖，同时把坑上层中空的薄壁打去。从早上四点多一直工作到天黑，挖至距地表5米深，这时，一个1.6米高的灰土柱便矗立在小探方之中（见图44）。再在灰土柱边缘向内挖一小洞，观察坑内甲骨的分布状况，发现距地表深4.5米时，甲骨已很少了，因此决定以5米为工作底面，以4.5米为木箱的底部。从城里请来的木工师傅，点上马灯连夜赶做了一个长宽各1.8米、高1.1米的大木箱。

15日上午，先安装木箱的底部。这是考虑到灰土柱是一堆松土，内夹大量龟甲，极易坍

图44　YH127坑挖成灰土柱，装上箱底的情形

塌。木箱底板由5块木板拼成。工人们于距地表深4.5米处，从灰土柱两端向中部开挖约0.5米见方的洞，把中间的木板放进去，支起砖块，使灰土柱底部与木板紧紧结合，再用同一方法装其余4块。

在装底板的同时，又请木工制作箱框，还在大坑的北端开一条宽3米、长12米的斜坡马道，以便甲骨箱运出大坑。晚上，点灯加班。夜里十点多钟，离工地不远处传来"啪、啪"的两声枪响，为了不暴露目标，加班的人暂时熄灭灯火，待周围完全平静，又继续挑灯夜战。直到次日一点，以上两项工作才宣告完成。

16日，进行套箱工作。箱框大，灰土柱又高，必须从上向下套装。用粗大的麻绳缚住木箱框的四角，作为平衡的主力，再用较细的麻绳缚住箱子的四边作为引导。每角配4人，每边配1人负责拉麻绳，另外再配2人帮助引导。还专门聘

请了曾在铁路上当过领班、富有组织能力的张福来担任现场总指挥。当他发出第一声号令，拉绳的人们便把大箱框拉起悬空，然后慢慢移至灰土柱的正上方，在箱框下落至距灰土柱1米的时候，他沉着冷静地顺着箱框周围走了一圈，便发出"一、二，向下"的号令。木箱框徐徐地、准确地落到箱底板上。张氏的号令声特别高亢响亮，引得村中的大人、小孩都跑过来看热闹，在场的人欢呼雀跃，十分兴奋。

图45　YH127坑钉箱盖前整理内部情形

考古组组长李济从南京赶到安阳，下火车后直奔小屯村工地，可惜迟了一步，未能看到箱框接底板的精彩一幕。他坐在大木箱框的右上角指导工作。让工人用碎土将灰土柱与木箱框之间的空隙填满，并接受老工人的建议，用木棍将碎土一层一层捣实，直至与箱口等平为止（见图45）。接着钉木箱盖，盖板也是由5块木板合成，其外加箱带，钉铁条，一直到深夜才完成。

17日上午，工人们将木箱慢慢翻转、钉底、钉带，在箱带外又钉了几道铁条，最后用绳子连盖带底密切捆扎起来，使之成为一体。下午，将两根铁轨放在箱子下面，多名工人连推带拉，将箱子往马道口移动，因铁轨下面未放结实的枕木，以致铁轨埋于虚土中，箱子陷得更深，费了九牛二虎之力，直到暮色来临，才将木箱移到马道口前。

18日上午，首先在马道上先铺上枕木，枕木上再铺上铁轨，箱子置于铁轨之上。同时，在马道口两端各立两根木桩，交成X形，其上横放一根大木杠作为滚轴，大木杠两端各捆上三根上下出头的短木棍，做成六齿轮形。再用四大根粗麻绳，捆牢于大木箱上，把木箱中部两根麻绳的另一端合并起来，并将之延伸至马道口，捆牢于大横木杠之上。张师傅仍担任指挥，他一喊口令，工人们即将木箱左、右的两根麻绳拼命地往上拉。在马道上方，转动齿轮的工人把绳子向横杠上缠绕，以防箱子下滑，木箱后面的工人则转动摇撬将木箱使劲地往上推。就这样，30多个工人前拉后推地不断工作，箱子慢慢地向上推进，至下午三点，大木箱才从马道运到地面上（见图46）。如此费时费力的工作，在现在是难以想象的。

图46　YH127坑装箱后外运情形

（三）艰辛的运输

大木箱运到地面只是艰难历程的第一步，小屯东北地离安阳火车站近5里路，要将重达6吨的大木箱运往车站，绝非易事。安阳三家搞运输的工头得知运箱子的风声，都希望承担这一工作。考古组认为两位工头提出用牛车拉或用滚木滚，木箱会震动较大，而另一位工头李绍虞主张用人抬的方法较安全方便。李工头1933年就与董作宾认识，他原是葬仪社的，据说曾组织人力抬过袁世凯灵柩。他的

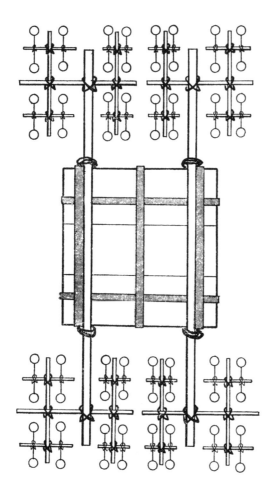

图47　李绍虞组织64人抬箱的人力配置图

方法是用两根长的粗木杠，捆在箱子的两边当主杠，在木箱前、后的这两条主杠上各连接两根副杠，每根副杠上又连着两根支杠。每一支杠用8名工人抬，共需用64名工人。还找了6名替手（见图47）。以打锣为号令，第一声大家各就各位，第二声杠上肩，第三声挺身站立，第四声并步走。6月22日上午开始抬箱，第一、二声锣平安无事，谁也没想到，第三声锣工人们挺胸直立之时，"啪嗒"一声，一根主杠断了，木箱纹丝未动，李工头的方法宣告失败。向来逞强的李绍虞只得无耐摆了摆手："没有办法了，你们再找别人干吧！"

分析李工头抬法失败的原因，主要是用的杠子不够结实，着力点也太靠两端了。于是让工人打开箱子，取出一些土，并把箱子锯去10厘米，降低它的高度。

23日，向村民借来盖房子用的榆木梁和多根杂木椽子等，用榆木梁作为主杠，呈"十"字形结构，纵杠较长，横杠较短。木箱的前、后、左、右各设四条杂木支杠，前、后支杠各分两组，左、右的支杠各一组，每组配8人，共用48人（见图48），还找了22人作替手。到中午大概只走了1里地。下午，抬箱之前先让工人修路，仍请张福来指挥，大家步调一致，一天约走了3里地。24日早上，继续运输大木箱。工人在经过的棉田里铺上铁轨，木箱放在铁轨上拉着走，走过麦地，碰上土沟，便在沟上架桥。为了抢时间，工人们还是选择抬的方法，开始最后的冲刺。下午四点多钟，大木箱被推到铁轨上。由于不是火车运行的时间，张福来大声发令："推啊！"大家跟着齐声喊："攻呀！"高高

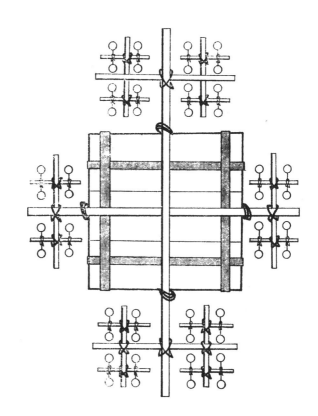

图48　史语所殷墟发掘团组织的抬箱人力配置图

兴兴地推着大木箱子在铁道上行进，一些围观的人也在旁呐喊助威，终于一鼓作气地把大木箱运上了火车站的站台。

7月3日，可以装车了。不料箱子太宽，只好去掉箱子外边的木头带子与铁条，才得以放进车厢内。火车到徐州，因车厢被沉重的甲骨箱压坏未能过轨。经过一段时间的修理，才转津浦路继续南行，于7月12日运到南京史语所。史语所与地质所同在南京鸡鸣山，史语所在山下，地质所在半山坡，从地质所往下有十几个台阶可通到史语所的侧门。因史语所正门很窄，不便卸货，运甲骨箱的大卡车只能先开到地质所，再在台阶上搭上木板，由几个工人将甲骨箱往下推，不料坡下有两名工人来不及躲闪，被撞伤了。负责此项工作的人十分懊丧，这个多灾多难的大木箱，到最后还是撞出了乱子。

打开木箱的那天，当大家看到那层层叠压的大龟版未被震坏，仍似在工地

看到的样子，便放心了。但也有一点遗憾，由于运输过程中木箱经过翻覆，已经底朝天了。这时，正巧有几位石雕工匠在史语所为西北冈王陵发掘所获的石虎、石鸮复制标本，便请他们选择石料将YH127坑东南隅的甲骨堆积状况做一个模型。具体承担这项工作的是河北曲阳石雕工匠刘作梅师傅，他技术高超，将灰土斜坡的状况、龟版的轮廓、甲骨文刻划的神韵都显示出来了。模型的侧面，刻上中研院院长、史语所所长、考古组主任以及参加第十三次发掘与室内整理工作人员的名单。现在，这个石制模型陈列在中国国家博物馆展厅中。后来，又以这个模型为蓝本，复制了几件石膏模型，其中一件陈列于安阳殷墟考古博物馆中。

图49　YH127坑南京室内清理情形

（四）整理与出版

室内清理工作，由董作宾、胡厚宣负责。其步骤是，先剔去甲骨表面的泥土，使龟版的轮廓清晰地呈现出来，按照叠压情况，逐层清理（见图49）。每清出一层，先照相、画图、再逐片揭取，一块龟版，编一个号码，装在一个纸盒中。从7—9月，才将坑内的甲骨全部取出。

1937年，抗日战争全面爆发，YH127坑的甲骨还来不及上胶、粘合、编号便急促装箱西运，经长沙、桂林到昆明。1940年，在昆明龙头村由胡厚宣、高去寻继续整理编号，还选出一些重要的甲骨进行传拓与摹写。当他们打开纸盒时，发现许多纸盒经过三年的长途运输、震荡，已经霉烂，致使不少甲骨从上面的盒子掉入另外的盒子中，只好原来有号条的，就按号条编，若没有号条的就按盒号编。1941年，甲骨运往四川南溪李庄，才正式开始对全部甲骨进行拓片，并由屈万里、李孝定、张秉权负责粘贴及编辑工作。1946年，甲骨又运回南京，学者继续对该坑甲骨进行拼合、拓编等工作。1948—1953年，董作宾将第十三次至第十五次发掘所获的刻辞甲骨，编辑成《殷虚文字乙编》（上、中、下三辑），该书共收录刻辞甲骨9105号，而YH127坑的甲骨则占了8000多号，即《乙》487—8500、8663—8673。

由于YH127坑甲骨，经过长时间的不断搬迁，不少原来整块的卜甲，后来断裂成多片，故收入《乙编》的甲骨中，小片的卜甲数量较多，在史语所迁到台北南港后，张秉权开始对YH127坑的甲骨进行缀合，1957年至1972年陆续出版了《殷虚文字丙编》上、中、下辑（每辑各二分册），共发表大块或完整的甲骨632版。1995年，钟柏生又编了《殷虚文字乙编补遗》，把第十三次至第十五次所获的而《乙编》未收录的小片有字甲骨全部发表。该书共发表甲骨7441号，而YH127坑甲骨占了7156号，即《乙补》89—6999、7090—7334。至此，YH127坑的甲骨全部公诸于世。

（五）巨大的收获

YH127坑开启了考古发掘甲骨扣人心弦的序幕，在其巨大的收获和学者不断地推进研究中，更彰显了其重要的学术价值。2006年在该坑发掘70周年纪念特展时，李宗焜撰写了《当甲骨遇上考古——导览YH127坑》，通俗地介绍了此坑的一些特色。回顾殷墟历年出土甲骨的情况，类比对照，可以看到YH127坑甲骨有许多值得探讨的重要现象。

甲骨文分期断代的重要资料：YH127坑的上部被YH121和YH117两座灰坑所叠压，而这两座灰坑又被

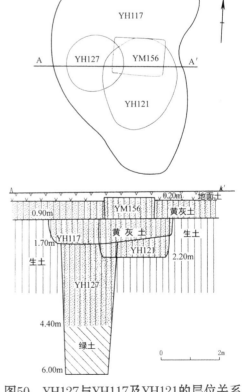

图50　YH127与YH117及YH121的层位关系

殷墓M156坑叠压。因此，从地层关系看，在这一组遗迹中YH127坑的时代最早（见图50）。YH121坑、YH117坑与M156坑出土遗物未见报道，不得而知。但与M156相近并处在同一层位的墓葬M164，出土了成组的陶器和青铜兵器，从这些器物的形制判断，该墓应属殷墟文化第二期，由此可推测YH127坑的年代应不晚于殷墟二期，或比二期略早。该坑所出的卜辞，除少量子组、午组、师组外，绝大多数均属宾组卜辞，属于武丁时代。YH127坑在地层关系和坑内卜辞的时代均较早，在甲骨文的分期断代中具有重要意义。

埋藏卜甲的窖穴：在殷墟小屯考古发掘中，我们曾发现单埋卜骨或单埋卜甲的窖穴，学者推测商代卜甲与卜骨应是分别埋放的。YH127坑出土甲骨类别及其堆积状况，对研究卜用甲骨的用后处理提供了有价值的资料。此坑共出土刻辞甲骨17096片，牛骨仅8片，其余全部为龟甲。坑口部呈圆形，直径1.8—2米，距地表1.7米，坑底距地表约6米。坑内堆积分三层：上层为灰土，厚0.5米，中层为灰土与龟甲，厚达2.3米，下层为灰绿土，厚1.6米。如前文所述甲骨出土时放置没有规律，但叠压得很紧密。从坑内的堆积状况可以看出，当时殷人是将这17000多片卜用之后的甲骨，集中地埋入一个已经使用过一段时间的窖穴中。所以YH127坑是个有意埋藏甲骨的窖穴而不是有意存储甲骨的档案库。

武丁大龟：此坑出土完整的刻辞卜甲达300多版，其中有一块来自马来半岛的大龟（《丙》184），长44厘米，宽35厘米，是迄今为止殷墟出土的最大的一块卜甲，被学者称为"武丁大龟"（见图51）。

甲骨简册：此坑发现一些将背甲从中部锯开，再将两端加以削磨，使其形状成为椭圆片（近似鞋底形），并在中部钻一圆孔，称为改制的背甲，被认为是此坑甲骨的一大

图51　YH127坑出土的最大的卜甲（《丙》184）

图52　YH127坑的改制背甲

图53　YH127坑中的朱书卜甲

特色（见图52）。有学者推测，殷人可能将甲骨穿成简策。

毛笔书写：在殷墟的发掘中，也发现过在甲骨上书写的字迹，但数量很少，此坑出了数版使用毛笔书写的文字，字迹清晰可辨，为我们留下了3000多年前商代史官的书法真迹（见图53）。当时的史官书写文字时注意运笔，有按提变化，这是中国书法史研究中很珍贵的遗物。

正面

反面

图54　YH127坑中的字中填朱卜甲

涂朱填墨：此坑常见在文字或卜兆上涂朱、填墨的情况。有的龟甲上，大字填朱，小字填墨，黑红互衬，鲜艳夺目（见图54）。董作宾认为，涂饰朱墨，完全是史官爱美，为了好看，并不是规定的制度。

刻兆：所谓刻兆，即在卜兆之上用刀再加以刻划，使之更醒目（见图55）。此坑有上万片卜甲的卜兆被刻划过，这种做法，董作宾认为也是为了美观。

甲桥刻辞。甲桥是指连结龟腹甲与背甲的部位。甲桥刻辞大多刻在卜甲反面，少数在正面，其内容是记录龟甲来源的地点或入贡龟甲的数量。据胡厚宣统计，此类刻辞，过去已发现273条，但较残破，难以看出刻辞在龟甲之位置，未引起学者的重视。此坑甲桥刻辞达300例之多，且多见于完整的卜甲上，他对这批资料做了认真的研究，揭示出甲桥刻辞的意义。

图55　YH127坑中刻画卜兆的卜甲

成套卜辞与成套甲骨：这是张秉权整理YH127坑甲骨，并对该坑甲骨进行缀合、研究时发现的。所谓成套卜辞，是指同一日占卜同一事件后连续契刻在若干卜兆旁的多条卜辞。它是由辞义相同、序数相连的正问或反问的卜辞组合而成。成套甲骨是指刻有内容相同、序数相连接的几版甲骨组合成套。目前所见，多是五版卜甲组合成套。张氏的发现是对甲骨学的重要贡献，一方面使不少不明辞义的卜辞得以通读，另一方面对研究商代的占卜制度也很有价值。

内容极其丰富：此坑甲骨文化内容厚重，景象盈目，包括祭祀、世系、战争、军队、方国、农业、渔猎、畜牧、建筑、天文、历法、气象、疾病、生育、旬夕、交通、贡纳、卜法、鬼神崇拜、吉凶梦幻等，可以说是描述和反映了商

代的政治经济、历史文化、思想观念、生活状况和艺术风格的珍贵文献。参加
YH127坑甲骨室内整理的胡厚宣，以此坑甲骨材料为基础，再结合过去所出土的
甲骨资料，于1944—1945年出版了《甲骨学商史论丛》初集、二集，这部被誉为
"空前金字塔式论文集"，在甲骨学和商史研究中产生了重大而深远的影响。
2010—2011年出版的由宋镇豪主编的十一卷《商代史》，也大量引用了YH127坑
的甲骨资料，可见此坑甲骨对于商代历史研究有重要的学术价值。

四、屯南续辉煌

有人调侃说：安阳队两位女考古学者"命真好"，一位发掘了妇好墓，出土
了400多件青铜器、800多件玉石器等珍贵文物。一位参与和主持了殷墟两次重要
的甲骨发掘。现在研究甲骨文的学者不少，但是能亲自发掘和研究甲骨文的实在
难得。是的，许多重要的考古发现都是带有偶然性的，考古工作者一生能有几次
机遇确实不易。不是命好，而是机遇来了，一定要努力抓住。YH127坑戏剧性的
发现是一例，小屯南地甲骨的发现又是其中的一例。

（一）偶然的出土

1972年12月的某天上午，年近六旬的小屯村村民张五元，因制作煤球需用黄
土，便到村南路边的小沟里挖土。当他挖了几锹黄土时，发现下面的土色逐渐变
深，土中夹杂有一些小骨片，有的骨片的背面还有"火号"，小屯村村民习称
卜骨反面的钻、凿、灼痕迹为"火号"。张五元自1950年以来曾多次参加中国科
学院考古研究所安阳工作站（以下简称"安阳队"，考古所后归属中国社会科学
院）的殷墟发掘工作，他能细心观察遗迹现象和发掘出土的遗物，若遇到新出土
的不明用途的器物，他就向考古队员请教，因此他对殷代的文物相当熟悉。知道
自己挖到卜骨了，便中止了挖土，将有"火号"的骨片上的泥土洗刷干净，发现
其中6片刻有文字，便小心翼翼地用纸包好，送到安阳队。

张五元一进安阳队宿舍大门就大声喊："老戴！出甲骨文了，快来看！"听
到他的喊声，我们几位考古队成员，也不约而同地奔向戴忠贤（时任安阳队队

长，大家称他为老戴）的房间，看张五元带来的卜骨。这几片卜骨都较小，有5片像邮票或火柴盒那么大，上面只有一两个字，如"吉""大吉""癸卯"等。最大的一片长约6厘米，宽约3厘米，刻有"今日辛不雨"和"酉卜"等7个字，字大而清晰。大家看后十分高兴。老戴叫我与他一起跟随张五元去小屯村南出土甲骨的地点。到那里后，我们用小铲轻轻扒开浮土，看到小沟的壁上和沟底还贴着一些碎小的无字卜骨，其间也杂有少量殷代陶片，土色浅灰。我们判断，这是一个埋有卜骨的灰坑。由于当时正值隆冬，天寒地冻，气温在零摄氏度以下，不便发掘，老戴便请张五元拉了几车碎土，将出甲骨的地点掩埋起来。

安阳队自1950年以来的工作任务主要是配合国家基本建设，在殷墟一般保护区和殷墟外围区进行工作，先后在武官村、孝民屯、薛家庄、大司空村、梅园庄、苗圃北地进行过发掘。1971年，因小屯村委会想在村西盖房子，我们才往那里配合发掘，结果发掘出21片大卜骨，其中10片有字。这次小屯村民在村南挖出甲骨，我们认为机会来了，立即向考古所申请次年春天全队到小屯南地主动进行发掘工作，不久便获得所领导的批准。

（二）甲骨的发掘

1973年3—8月和10—12月，安阳队在小屯村南路边进行了两次发掘，发掘面积共430平方米。参加发掘的有考古所的戴忠贤、刘一曼、曹定云、孙秉根、屈如忠、王金龙，此外，吉林大学历史系姚孝遂老师因要给学生开设商代考古课，于该年春天到安阳学习殷墟考古知识，也参加了部分发掘工作。

老戴在张五元发现甲骨的地点，开探方T2，探方内发现了灰坑

图56　H2坑甲骨出土情形

H2。清理了一层很薄的灰黄土后，即见到坑内有成堆的甲骨，以中、小片卜骨为主。还有牛骨、猪下颚骨、木炭碎块、小陶片等混杂在一起（见图56）。甲骨排列没有规律，但有字的卜骨为数不少。当即照相、绘图，揭取甲骨。取了一层之后，又发现了较厚的堆积。起取这些甲骨不是短期能完成的，于是他计划做一个木箱，将H2坑的甲骨运回工作站慢慢揭取。

木箱的尺寸为长1.8米、宽1.2米、厚0.5米。做木箱、套箱、钉箱盖与箱带、箱外缠数道粗麻绳，这些都是费时的工作，花了十几天才得以完成，4月30日上午，这个近1.5吨的甲骨箱才运至T2探方上的地面。老戴与工人商量，决定采用人工拖拽的办法运到考古队。工人将工地至考古队的土路清理后，把木箱竖放，在木箱前、后底部奠了两根长约1.9米的粗圆木，在木箱前端的粗麻绳上又系上7根长绳子，由7个人在箱子的前面拉拽，箱子两侧前后各有1名工人拿铁撬棍在转动箱底的滚木，箱后边还有3人在推箱。因为十几个人一起工作，需要步调一致，老戴请武官村的吴有福担任指挥，1950年以来，吴有福多次参与考古队的田野发掘工作，经验丰富，也有组织能力。甲骨箱启运时，他大声喊"一、二、三！向前走哟！""嗨哟！嗨哟！"大家跟随他喊"嗨哟、嗨哟！"有的拉绳、有的推箱，有节奏地慢慢地拉着木箱向前走，四点半钟才将箱子运到考古队大厅前的平台上，拆卸两扇门后，终于把箱子推进大厅正中。老戴让工人们到考古队的食堂喝酒聚餐，欢庆甲骨箱顺利运回，欢庆五一国际劳动节。

此后老戴与队里的1名技工开始揭取甲骨。大厅内较阴暗，但当时考古队属于农村供电系统，经常停电，只得趁来电时加班清理。到六月中旬，才将甲骨全部取出，共获卜骨795片，其中有刻辞的503片，缀合后为457片。

发掘H2坑不久，王金龙在发掘的T11探方内的第三层（殷代文化层）下，也发现了一个甲骨坑H23。坑内填土呈灰黄色，内夹草木灰。从坑口以下至距地表8.7米深，卜骨断断续续地

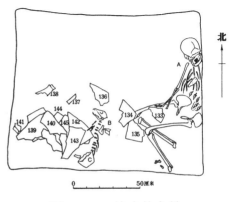

图57　H23坑内的人骨

与陶片、兽骨等混杂在一起出土。其中有七层甲骨出土较为集中，大版的较多。如坑深3.45米时，出土卜骨13片。东部近壁处有人骨架1具（见图57），侧身屈肢，人头向北，足向东南，在人的髋骨前方，还有一具狗骨架。卜骨均有刻辞，内容涉及祭祀、田猎、天气、人物活动等事。这些卜骨分布于坑之西南部，卜骨之间，杂有牛骨与陶片。

我挖的探方与T11探方相邻近，所以经常到那里观看发掘的情况。当我看到人骨架与卜骨共出时，马上联想到YH127坑中的那具被石璋如先生推断为"卜人殉职"的人骨架，难道H23这具人骨架，也是"卜人"吗？我请王金龙看看这具人骨架属年轻人还是中年人？王金龙十几岁就参加田野发掘工作，近几年在殷墟配合基建发掘了近千座殷墓，剔剥出许多人骨架，掌握了人骨架鉴定的知识。他告诉我，H23这具人骨架，从头骨与盆骨的特征看是男性，从颅骨主要骨缝尚未愈合及牙齿的情况看，较年轻，年龄可能在20岁以下，此外还特别提到这具人骨架与狗骨架是处死之后埋入的。

听了他的介绍，我恍然大悟，再结合眼前观察到的情况，我做出了以下的推断：殷人在掩埋一些重要甲骨时，曾举行过祭祀仪式，用人或动物作为祭品，祭祀完毕后，将人牲、兽牲与甲骨一起同埋入坑内。所以，H23的人骨架，也包括YH127坑的人骨架，不是卜人，而应当是人牲，"卜人殉职"之说是难以成立的。

H23坑共出土卜骨405片，上有刻辞的181片，缀合后为167片。

我发掘的H24坑，口部近椭圆形，被一条东西向的近代小沟从中间打破，分成南、北两部分。这样原来处于坑中部的甲骨全部被挖起扔出坑外

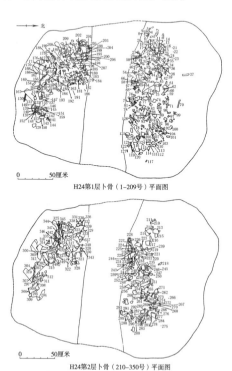

H24第1层卜骨（1–209号）平面图

H24第2层卜骨（210–350号）平面图

图58　H24坑第一、二层甲骨出土情况

毁掉了，幸好当时挖小沟的人不认识甲骨的价值，没有向沟两侧再掏挖，致使两边的甲骨得以保存下来。此坑从坑口以下及小沟沟底与沟壁，出土许多小片卜骨，有的小如豆粒，杂乱无章，毫无规律，但不少卜骨上刻有文字（见图58）。

1972年秋，我在小屯西地发掘时，只挖到商代的陶器、骨器、蚌器、石器，未挖到甲骨，当时见到一位队友发掘到几小片甲骨文，十分羡慕，盼望自己也能挖到这些距今三千多年的文字，如今梦想成真，心里十分高兴。我到殷墟工作不到一年，田野发掘经验不足，老戴便派考古队的技师屈如忠和小屯技工何振荣到我的探方协助工作。首先把这些散乱的小片卜骨逐片取出，共取了九百多片。再往下清理时，映入眼帘的则是位于沟南北的两大堆卜骨，它们密密麻麻地堆放在一起。北半部卜骨多为中、小片，南部大版的卜骨数量较多。

卜骨叠压得很紧密，我们按照它们叠压的先后逐层清理（见图59）。每清理一层，首先用小竹签或小铁钎剔去卜骨表面沾附的泥土，将每片卜骨的轮廓全部显露出来，然后给它"洗脸"，即用小毛刷蘸上水将卜骨表面或背面清洗干净，使卜骨

图59　H24坑第二层甲骨出土情况

的文字或卜骨背面的凿、钻、灼痕迹一清二楚。接着再进行照相、绘图，把每片卜骨的形状与位置绘在图上，经过这几道工序之后，再一片片编号将之取出。

此坑南北长2.7米，必须站在梯子上，用相机拍摄全景照片，看清它的全貌及坑内卜骨出土的情况。当我上到3米多高的梯子顶端，便感到心跳加速，再加上那时考古队使用的莱克相机对焦距比较麻烦。记得照第1层与第2层甲骨时，工人先将一张长9.5厘米、宽6.7厘米的标签纸放在甲骨坑的中部，我对着它慢慢调焦距，直到那张小标签纸没有黄影，边缘清楚时，工人将它拿走，我才按下相机

快门。在工人的鼓励和保护下，终于完成了拍摄工作。现在看来，这种方法较"笨"，但照出来的相片效果还不错，每当我看到这两张相片还经常被甲骨学者引用时，就会勾起那难忘的回忆。

发掘H24坑的时间是6月中下旬，白天气温有时高达38度，不时有雷阵雨。为了保护这些刚出土的脆弱的甲骨免遭日晒雨淋和方便清理工作，决定在坑的上方搭一个长5米、宽3米多的席棚，白天在棚内工作，晚上负责看守甲骨的人住在棚内。每天下午是最炎热的时间，即使在棚子下工作也热得汗流浃背。我负责在图上填上每片被起取的甲骨的号码，写出它的标签号，技师和技工专管揭取甲骨。大家配合默契，全神贯注，连额头上的汗也顾不上擦，汗水就滴在甲骨上。

起取甲骨的方法是据其保存状况而定。对多数没有断裂的卜骨，不论大小，逐号用纸包好，放入筐中。对于那些保存不好，出土时断裂成数片或一二十片的大块有字甲骨，则将它装入盒中，每号一盒。但因出土的较大的有字甲骨数量多，考古站所存的纸盒已用完，我们只好找来一叠厚的马粪纸，按照卜骨的大小裁成一块块纸板，在纸板上铺上一张麻纸，刷上浆糊，再把大块卜骨中已断裂的骨片取下，按照各断片原来的位置粘贴在麻纸上。这一"土"办法，保存了甲骨的原貌，为以后整理甲骨提供了方便，但却引发了一件意想不到的事。那时，这些卜骨临时存放在室内几个架子上，我和工人每天将那些贴着有字卜骨的纸板依次放好后，锁上房门，钥匙由我一人保管。有一天，我在检查卜骨时，发现一个架子的下格所放的H24：156（《屯南》939）号上沾着的小片卜骨（该片由12小片卜骨组成）位置有些凌乱，我仔细观察，卜骨外缘最下段的一块不见了，只留下浆糊的印痕。急得我在架子上来回寻找，也没有发现它的踪影。这一小片怎么会不翼而飞呢？我的心顿时紧张起来，打着手电筒在房内仔细寻觅，突然发现了老鼠屎和老鼠洞，在临近洞口处终于找到了那小块卜骨。呵呵！原来这块纸板用的浆糊较多较稠，老鼠出来舔浆糊时顺便拖走了这块断裂的小卜骨。后来，我在房间内放了老鼠药，"老鼠拉卜骨"的奇事再也没有发生了。

H24坑的甲骨，共分五层进行清理，共绘了5张图，图上有号的甲骨437片，加上零星出土的900多片卜骨，共出土卜骨1365片，其中刻辞卜骨1251片。小屯南地出刻辞甲骨的殷代灰坑有59个，少者一坑出一两片，一般十几片至数十片，我发掘的H24坑是出土刻辞甲骨数量最多的。

H24坑卜骨层中不出其他的遗物，只在坑的底部出了几片碎陶片，器形为鬲、盆、罐等，据其形制判断，相当于殷墟文化第三期晚段。此坑甲骨文之时代属于董作宾五期分法的第三、四期，卜辞的组别为无名组、历组。

顺便提及的是，因为我发掘了H24坑，接触过较多的刻辞卜骨，激发了学习甲骨文的浓厚兴趣，决定把自己发掘的刻辞甲骨进行临摹，以便以后慢慢弄懂这些甲骨刻辞的含义。这项工作有时在工地插空做，但大多数摹本是晚上在煤油灯下完成的，当时没有想到，这些用铅笔做的摹本，在以后小屯南地甲骨整理与研究中还发挥了作用。例如，在清理H24坑第四层甲骨时，发现一块基本完整的大卜骨416号（《屯南》1116，见图60），该卜骨长42厘米，宽24.5厘米，但质地不大好，断裂较多，下部稍有残缺。骨面上有16条卜辞，计153字，这是小屯南地发掘所出的数千片刻辞甲骨中字数最多的卜骨（见图60）。其内容是有关祭祀祖先及与方国的关系等，相当重要，所以准备给它照张出土状况相片，再行起取。但是天色阴暗，乌云密布，故决定等待一段时间，待天气好些才照相。虽然照相亮度不够，但卜骨上的文字可以看清。所以，我趁机在工地上对这片卜骨上的文字全都进行临摹。当该片摹本刚做完，天就下起雨来，小雨连续不断，故后来没有照相，便将它取回考古站了。

该片中下部略偏右的一条卜辞（《屯南》1116第9辞）字体较大，其辞为"庚寅卜，贞：辛卯又岁自大乙十示又囗牛，［小示］汎羊？"原在出土时"十示"之下有"又"字，

图60　H24：416（《屯南》1116）

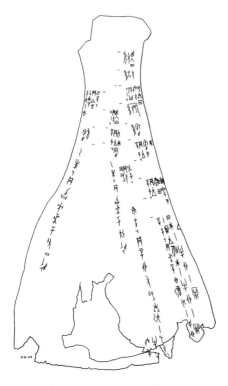

图61　H24：416摹本

但在起取甲骨之后的运输过程中不慎脱落、遗失，故该片拓片无此字，释文中的"又"字是根据发掘现场的摹本补入的。就这么一个甲骨文中最常见的"又"字，后来成了讨论"历组卜辞"时代一个较重要的证据（见图61）。由此可见，在发掘甲骨文的过程中，及时做甲骨文的摹本，是一件很有意义的工作。

　　小屯南地出土甲骨的灰坑中，面积最大的是H57坑，坑口距地表0.35米，挖去路土层后，在探方的北部就见到许多大块的卜骨堆放在一起。堆积的厚度0.2—0.6米。此坑是曹定云主持发掘的，他细心地找出H57坑东、南、西部的边线，坑之北部已伸出探方之外，离村民赵金华的厕所只几十厘米。若要把这个灰坑发掘完整，必须增开新的探方。赵家知道后，欣然同意拆去厕所，而且不讲任何条件。当天，老赵就带着儿子用了一个多小时把厕所周围的简易土墙拆除，把茅坑的粪便掏挖干净，发掘工作得以顺利进行。

　　功夫不负有心人，该坑共出刻辞甲骨208片，除1片卜甲外，其余全是卜骨，其中大版的和完整的刻辞卜骨70多版，内容也相当重要。在赵家厕所下面发现的卜骨大多是尺寸大而完整的刻辞牛肩胛骨，其上的文字也多。由于厕所已使用多年，卜骨出土时带有臭味，后经多次洗刷才消除，由于粪便水的长期浸泡腐蚀，使卜骨表面失去光泽，出现许多麻点和斑痕，幸好其上的文字虽较模糊，但经仔细观察尚能辩识。曹定云曾指着这些内容重要的大块卜骨喜笑颜开地对我说："这些卜骨真是又臭又香啊！"

　　H57坑内其他遗物较少，只有少量的鬲、罐、簋、盆片，据其形制判断，相当于殷墟文化第四期早段。此坑甲骨文的时代较复杂，大多数属于第三、四期，偶见二、五期卜辞，组别为无名组、历组、出组、黄组。

在小屯南地还发现了放置骨料的灰坑。如H99坑出土未经加工的牛肩胛骨33件，牛肋条骨1片，卜骨2片，卜甲2片。其中有刻辞的10片，但大多笔法稚朴，不成文句，属于习刻之作。未经加工的牛肩胛骨，保留有圆的骨臼，骨版反面有骨脊，其上没有钻、凿、灼痕迹。这些现象表明，此坑主要是用于存放卜骨骨料的窖穴。

1973年小屯南地的发掘，共计发现刻辞甲骨5335片，其中字骨5260片、字甲75片，这是自1950年以来的殷墟发掘中，发现刻辞甲骨最多的一次。

（三）整理与研究

小屯南地甲骨出土后，由于安阳队库房条件不好，所领导决定1975年秋将这批甲骨全部运回北京，并成立小屯南地甲骨整理小组。我任组长，郭振录任副组长，成员有温明荣、曹定云、钟少林、王兆莹。王兆莹负责拓片，钟少林负责修整甲骨和画图等事，其他人从事甲骨的缀合、拓片的编排、释文等工作。

我们在办公室内架设了几块床板，把几个有关系的单位所出的甲骨放在不同的板上，进行缀合。例如，在拼缀H24坑出土的甲骨，既摆了该坑的卜骨，又在另一些木板上放上打破H24坑的隋墓墓道出土的卜骨及叠压着H24坑的T21、T22第三层出土的卜骨。每个单位的卜骨，按照卜骨的各部位来摆放，如骨臼、外缘、内缘、骨版上部、中部、骨扇下部，分别放置。我们既根据各片甲骨的字体也依据各片的碴口去找与它相邻的部位来拼合。这是将考古工作中拼对陶器的方法运用到甲骨缀合中去。这种方法，效果不错，不到两年时间，我们共缀合了530片甲骨。当时，我们每缀合一片甲骨，都经过组内全体同仁的检验，才用稀三钾树脂将它粘合，所以应是确凿无误的。

在整理中，我们还发现了甲骨上凿、钻制作的秘密，对前人在此问题的论述做了补充和修正。关于"凿"的制作，长期以来，不少人以为是用青铜凿子凿成的。我们观察小屯南地甲骨上的"凿"，没有发现凿的痕迹。据我们观察，凿主要用两种方法制成：一种是用刀挖刻，这种方法制的凿占多数。这种凿，在凿的内壁和底部留有清晰的刀痕。另一种方法是用轮开槽制造的。此法是前人未曾提及的。钟少林在修整小屯南地甲骨时，发现从卜骨弧形凿中剥离出来的的硬土碎块，有的底部为很规则的弧形，而且表面还有旋纹，如《屯南》2713第二凿。他用镊子细心地将这种有旋纹的硬土块取出装在玻璃试管中让我们观看。钟先生认为这种凿不会是用刀挖的，可能是用类似砣轮的小轮子开槽后制成的。我们觉得他的看法很有道理，便用胶泥将这种凿形翻出来，发现这种凿复原后的圆半径大多是彼此接近的。

1976年，妇好墓发掘后，郑振香先生曾与北京玉器厂的几位技师共同研究妇好墓出土玉器的制造方法。受此启发，我们带着卜骨凿的标本，向玉器厂的技师请教，他们同意我们的推断，并用自制的砣轮在现在的牛胛骨上制作了两个凿，同殷代甲骨上的弧形凿非常相似（见图62）。就这样，用轮开槽制作凿的奥密被揭开了。小屯南地卜骨上的一些弧形凿，用轮开槽之后，还用刀加工凿的边缘或底部，所以在凿的边缘与底部还可看到刀痕。

甲骨上与凿相连之钻的制法与凿的制法相似，主要用刀挖刻，也有部分是先

1. 2173 右第二凿土锈块横视

3. 4566 右第四钻土锈块倒放俯视

2. 2173 右第二凿土锈块纵视

4. 4566 右第四钻土锈块横视

5. 玉器厂师傅所作之凿拓片

图62　屯南卜骨凿、钻内的土锈块及玉器厂师傅所作之凿拓片

用轮开槽再用刀加工而成。单独的小圆钻，是用"钻"钻成。在《屯南》751、4566等卜骨的小圆钻内取出的硬土锈块上，发现其底部呈弧形并有弦纹，而这类钻的平面为圆形，直径0.8—0.9厘米，四壁光滑，从而推测它是用实心的小圆棒在骨版上迅速旋转而钻成的。为此我们做了模拟试验。钟少林制作了一把弓子，以细绳为弦，在牛肩胛骨外缘上需钻孔之处画上记号后，再放上湿的细砂。钟少林将一根直径0.9厘米的小圆木棒作为钻杆直立于细砂上，并把小木棒的中段缠绕在弓弦上。他左手用一凹形器具用力压着小圆棒的顶端，右手来回转动弓弦，使木棒在骨面上飞快旋转，我们在旁边不停地往木棒钻孔处加水和拨细砂，不久便钻出了和屯南卜骨上类似的圆钻。

在整理、研究小屯南地甲骨8年期间，整理组经常讨论学术问题，内容涉及甲骨文分期、缀合、文字考释及商代的历史、文化等。争论探讨，相处融洽并将集体讨论的心得，以肖楠或邨笛的笔名陆续发表在《考古》《考古学报》《古文字研究》等刊物中，得到学术界的好评。后来，我们把发表的11篇文章编成《甲骨学论文集》于2010年由中华书局出版，以纪念这8年令人难忘的岁月。

（四）辉煌的成果

小屯南地甲骨有如下几个特点：

1. 骨多甲少。上文提到，这次发掘共获5335片刻辞甲骨，而卜甲只有75片，占甲骨总数的1.4%，再一次证明，在殷代卜骨与卜甲可能是分开埋藏的。

2. 大骨居多。基本完整的大块的刻辞牛肩胛骨达100多版，这是前所未有的发现。

3. 时代集中。这批甲骨文绝大多数属康丁、武乙、文丁卜辞（武乙、文丁卜辞在学术界又称为"历组卜辞"），只有少量属于武丁或帝乙时代的卜辞。

4. 地层明确。这批甲骨大多出于殷代的灰坑与文化层中，并与陶器共存，对甲骨文的分期断代研究有重要的意义。如小屯南地发掘曾发现"师组卜辞""午组卜辞"出于早期的灰坑与地层中，同出陶器也较早，这就使学术界多年争论不休的这些卜辞的时代问题得以解决，即它们都属于武丁时代的卜辞，又如小屯南地出土的"历组卜辞"数量多，它们只出于中、晚期的坑层中，而不出于早期的坑层里，这就为判断其时代提供了珍贵的资料。

5. 内容丰富。小屯南地甲骨的内容很丰富，包括祭祀、田猎、征伐、天象、农业、旬夕、教育、王事等，其中有不少重要的新资料。

军制方面的有"右旅""左旅"（《屯南》2328，见图63左），及"右戍、中戍、左戍"（《屯南》2320，见图63右），结合过去发现的"王作三师，右、中、左"（《粹》597），可推知商代军队的编制是分成右、中、左三部分的。天象方面的有"月又戠，其又土（社），燎大牢"（《屯南》726，见图64），意

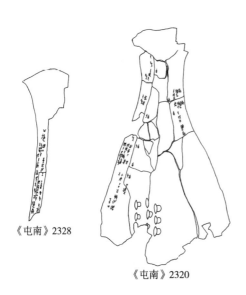

《屯南》2328

《屯南》2320

图63　《屯南》2328与2320摹本　　　图64　《屯南》726（H23：66）

谓发生月食，是否对社神进行侑祭，烧燎专门圈养的大牛做祭品。农业方面的有"湿田"与"上田"（《屯南》715，见图65），湿田，即隰田，指地势低下、比较潮湿的田。上田，指原田，地势较高的田。可能湿田与上田在商代是最重要的两种田。有关手工业者的有"又祸百工"（《屯南》2525，见图66），商王卜问百工（指众多的手工工匠）是否有灾祸。关于学校的有"大学"（《屯南》60）（见图67）、"学"（《屯南》662，见下编183页，图54）等。还发现一些新的人名、地名、方国名，及新的字、词等，对甲骨学和商史研究有重要意义。

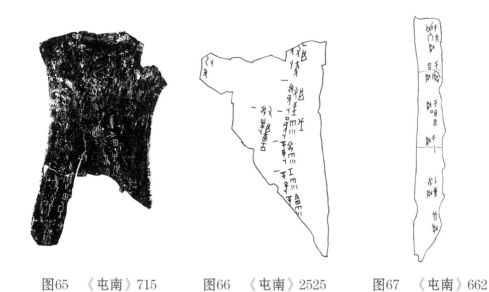

图65　《屯南》715　　　图66　《屯南》2525　　　图67　《屯南》662

　　整理组于1980年出版了《小屯南地甲骨》上册（包括一、二分册），于1983年出版了《小屯南地甲骨》下册（包括一、二、三分册）。上册收录1973年小屯南地发掘出土的全部刻辞甲骨的拓本4589号（缀合后的数字）。下册是甲骨释文、字词索引与部分摹本、钻凿形态等。学界普遍认为《小屯南地甲骨》是一本体例完善、提供信息全面、使用方便的甲骨文著录书（见图68）。

　　为了编写小屯南地发掘报告，我将以前归为无字甲骨的材料统统检查一遍，

图68　《小屯南地甲骨》书影

从中又发现294片有字卜骨。这批甲骨，小片居多，其拓本和摹本收录在《1973年小屯南地发掘报告》（《考古学集刊》第9集，1995年由科学出版社出版）第五部分"小屯南地甲骨补遗"中。

五、花东更炫目

（一）惊喜的发现

1987年，安阳市在小屯东北地洹河之滨修建了一座遗址公园——安阳殷墟博物苑，前往参观的人逐年增多。为了适应旅游业的发展，1991年秋，安阳市决定将安钢大道通往殷墟博物苑的土路加宽，改建成柏油马路。依照文物法规定，在殷墟重点保护区动土，事前必须进行考古工作，因此中国社会科学院考古研究所安阳队便组织人力前往钻探。在距花园庄村东100多米的地段钻探时，从距地表2.9米至3.1米的三个探眼的探铲头带上来的泥土中，都夹杂一些无字的小龟甲片。有经验的探工将这些碎甲捡起，仔细观察，发现龟甲片反面有"火号"，知道这是占卜过的龟甲片。因三个探眼邻近，他们初步判断地底下深处会有一个甲骨坑，并画出了记号。为使甲骨少遭破坏，未继续下探，所以甲骨埋藏的深度不明。与此同时，在花园庄南地的工人清理一座殷代小墓时，在墓口上的灰层中发现了3片刻辞卜骨。此前花园庄一带，从未发现过甲骨文，考古队队长杨锡璋决定在这两处开探方发掘，我和郭鹏接受了发掘任务。我曾参加过1973年小屯南地甲骨发掘，有一定经验，但已年逾五十，体力欠佳，郭鹏是刚从郑州大学考古系毕业到安阳队工作不久的小伙子，缺少田野工作的锤炼，二人合作，以利于顺利开展发掘工作。

我和小郭首先在花园庄南地那座殷代小墓周围，开了3个探方，面积近70平方米，以为能在那里挖到数十片甲骨文，结果却大失所望，仅发现两小片刻辞卜骨，一片上刻一"吉"字，另一片刻一"贞"字。我们怀着沮丧的心情，转移到花园庄东地开了一个探方（见图69）。承担发掘任务的是何建功负责的花园庄村钻探队。花南收获甚微，花东也不能抱太大的希望。我曾对小郭说："这次我们能挖到十多片有字甲骨就不错了！"这是安抚失望的心理，还是期待柳暗花明又

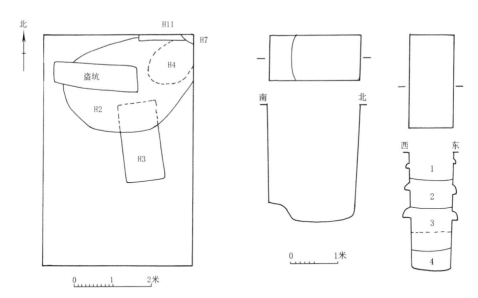

图69　花园庄东地T4遗迹平面图　　　图70　花园庄东地H3坑平、剖面图

一村？我说不清楚当时的那种复杂的心情。

已经挖到商代文化层，我们在画出记号的地方反复铲平，却没有发现灰坑的痕迹，我反复思考，是否当时做的记号不大准确，或者有小孩玩耍挪动了位置。于是我们在整个探方中一次又一次铲平，反复观察，终于在距离画记号1米多远的地方发现了2个灰坑，编号为H2和H3，前者将后者的坑口破坏了一小部分，究竟哪个坑里埋藏有甲骨呢？我们在这两个坑的中部各打一探眼，结果H3坑传来了喜讯，在距地表2.9米深处，探出了小卜甲。将H2坑清理完毕后，H3坑的整个形状便全部展现在我们面前，原来它是一个十分规整的长方形窖穴，长2米、宽1米（见图70）。

H3坑第一层是浅灰土，遗物较少，土质较软，工作的进度较快，第二层是黄色夯土，土质紧密，纯净坚硬。工人挥动五齿钉耙用力刨土，发出嘣嘣的响声。我在小屯南地发掘时，曾挖过十几个出土甲骨的灰坑，但坑内填土都是比较软的，这个坑为什么这么特殊，是否真有宝贝？好不容易挖完这60厘米的硬夯土，第三层则是相当松软的深灰土层。

值得纪念的10月21日上午！当我快到工地时，小郭便大声叫喊："刘老师，

图71 刘一曼在清理花东H3坑甲骨

图72 花东H3坑第二层甲骨

好消息！出甲骨啦，快来看呀！"我情不自禁地跑到H3坑的边上。这时映入眼帘的是密密麻麻的小片卜甲，我捡起几片来看，发现有的小卜甲上有细小而清晰的文字，非常高兴。一量坑的深度，已距地表2.9米，与钻探的深度相符。我们意识到已发掘到甲骨堆积层了，马上改用小铁钎、小竹签、小手铲、小毛刷等小工具进行清理。因坑内的空隙地方只能容纳一人，我们只得轮流下坑剔剥（见图71）。一天下来，取出不少零星的小片碎甲，然后再剔去其下较大片甲骨上的泥土，这时距地表深达3.1米（坑深1.9米）。上层的甲骨已被清理出来，有的正面朝上，有的反面朝上，有的紧贴坑边。卜甲与卜骨，龟腹甲与背甲，大块的与小块的，有字的与无字的相杂处，但都叠得极为紧密（见图72）。经照相、绘图之后，开始了揭取甲骨的工作。

（二）困难的搬迁

甲骨层的上部，除了中间约0.2平方米的一小块地方外，全布满甲骨，绝大多数是卜甲。由于卜甲埋藏年代久远，极易碎裂，出土时一块完整的卜甲往往断裂成数十片或一两百片，给清理与揭取工作带来很大困难。工作了一天半，才取出54片卜甲。恰逢那时天不作美，常刮大风，修公路的白灰、沙子迎面吹来，运土汽车隆隆的奔跑声不绝于耳。筑路工程的工期十分紧迫，城建局一再催促我们尽快清理完毕，加上附近的村民听说又挖到满坑乌龟壳了，每天都有不少人前来观看，虽然我们派人在探方上面值班、维持秩序，但仍有个别人不遵守规定，直接跳进探方到H3坑边观看。因此，安全问题也迫在眉睫。我们认为不能再在工地起取甲骨了，应按照当年发掘YH127坑的方法，将甲骨坑搬迁回考古站，我们的意见得到杨锡璋及队里其他同仁的支持。

YH127坑做的木箱主要是套取中部的甲骨堆积，没顾及整个坑形。我们不单要取甲骨，还要从研究甲骨坑的形制去考虑，所以必须保持甲骨坑的形状，便计划做一个长2.2米、宽1.2米的大木箱，以便将整个坑完完整整地套在箱内。

欲将一个厚度不明的大长方形土坑搬迁，是件困难的事。我一时还未想出完善的工作方法，考古队技师王浩义对我说："你不必担心，这件事交给我办吧！"他十五六岁就到安阳队工地当临时工，后来聘为高级技师，心灵手巧，技术全面，能修铜器、陶器和拓片，对重要的遗迹、遗物套箱搬家富有经验。

王浩义让工人将T4整个探方下挖至距地表3米，让探方其他的地方均与H3坑的坑口齐平。然后将H3坑周边10厘米以外的土层全部刨掉，下挖1米多深，于是整个甲骨坑俨如一长方形的土柱耸立于探方之中。为了弄清楚甲骨层及坑的深度，又不能使用探铲往下探，以免损坏甲骨。我建议用小铲子在甲骨坑的东西两边各挖一个小缺口，往内观察，发现往下深60厘米便达坑底，中间全部堆满了甲骨。南北两边则打进一根小钢管试探，发现深60厘米也到坑底，这样就确定木箱的厚度以80厘米为宜。为了便于套箱，又将甲骨坑四周的土层再往下挖0.5米，这时探方的深度距地表已达4.4米。王浩义回工作站库房找出许多厚木板，然后请了木工钉木箱框，并准备出木箱的底板与盖板。

钉好的木箱框运至工地后，用粗绳绑住箱框的四角，几个工人从探方上边拉着绳子慢慢往下吊，将箱框放到H3坑的上方后将箱框往下按，好不容易套入到坑上部40厘米，就被卡住了，无论人们怎么使劲下压，它纹丝不动。大家想将箱框取出，刮掉一些坑边中下部的土层后再重新套箱，费了九牛二虎之力也没成功。在大家无计可施之时，何建功找来两根冬天烧锅炉时捅炉内煤块用的大铁通条，贴着木箱的内壁，从上往下用力捅，一点点地将坑边的生土捅了下去，两个多小时的工夫，终于将甲骨坑全部套入箱框之中（见图73）。安装木箱的底板又

图73　花东H3坑被套进大木箱内

是一项艰巨的工作，要掏空甲骨坑的底部，工人们弯着腰蹲着干活，几个身强力壮的工人不停地挖土，每掏空一处，马上插进一块木板，并立即用拐铁、大螺丝钉将它与木箱壁钉在一起，底板下垫上砖块。整整用了一天半的时间才将9块底板装上。为了防止底板不牢固，又在其下钉了两根南北长度近2.3米的木条。在甲骨层上部铺上几层麻纸和塑料布。甲骨坑与木箱内壁之间的空隙用碎土填实，最后再钉上箱子的盖板，估计这时大木箱重量近4吨。

最紧张和激动人心的时刻是10月29日下午，也是我一生不会忘怀的日子！那

天下午，天气晴朗，万里无云。安阳钢厂派出的一辆起重机和一辆大平板卡车驶进了发掘工地，工人们下到探方用钢绳把甲骨箱缠好后马上撤出，这时人们的目光不约而同转向吊车司机手握的起重开关。司机按动开关，从探方下面传过来"咔嚓"的响声和随即发出的垫砖倒在地上的"啪、啪"声，木箱徐徐升起，一切正常。木箱眼看快离开探方时，由于离探方太近，它与探方边发生了轻微的撞击。虽然是小小的碰击，但吊车的钢绳在抖动，甲骨箱在摇晃，喧闹的工地顿时变得鸦雀无声。在这寂静的瞬间，我的心怦怦直跳，头上也冒出冷汗，真怕木箱散架，前功尽弃。一场虚惊！很快箱子继续上升，高出探方边后，往北平移，缓缓地落在大平板卡车上。这时卡车的四个轮子下陷了八九厘米，卡车司机也感慨地说："这家伙真重啊！"十多分钟后，大木箱被运回安阳考古工作站，由于它太大太重，不便搬进屋内，便将它放在车库北边的院子里。

在1998年5月"殷墟考古老少谈"的学术交流活动中，我重点介绍了发掘花东甲骨坑的情况，被誉为"考古人瑞"的石璋如当时已经是九十六岁高龄，全神贯注地听了我讲述花东H3坑的发掘与搬迁之后，一声长叹："YH127坑发掘的甲骨多，但受灾受难也多，与花东H3坑相比，H3坑太幸福了，YH127坑太痛苦了。"我马上接着说："因为时代在变化啊！"是啊！看到现在多领域、全方位介入考古发掘的科学技术、设备，回忆当年殷墟发掘，可以说是对中国传统文化的热爱、对知识学问的渴求等精神境界支撑着那一代的考古人。发现的惊喜和愉悦，发掘的紧张和艰难，成果的丰硕和重要、痛苦和幸福，一直伴随着我们考古人！甲骨文取得的成就不是一代人的努力，它是几代人积累起来的。

（三）细致的清理

甲骨箱运到考古站后，我们面临的难题是如何取出这一大坑碎裂的甲骨。现在人们看到的多是那坚硬的乌龟壳，谁能想到，这些埋藏了三千多年的卜甲往往断裂成许多小碎片，又与泥土粘连在一起，没有耐心，是很难完成这一工作的。

考古队安排6个人清理这批甲骨。我们吸取了小屯南地发掘的经验，采取逐层清理的办法，每剔剥出一层甲骨，先照相、画图，然后按它们叠压的先后，

图74　技工何建民、付来喜在考古站揭取花东H3坑甲骨　　图75　花东H3坑第五层甲骨

一片片编号取出，由于此坑甲骨堆积较厚，共分十六层进行清理（见图74、图75），我负责安排每天清理甲骨的计划，提出取甲骨片的先后次序，对每片甲骨进行编号并将号码写在标签纸上。郭鹏担负照相、绘图的职责，在取甲骨时还要在图上标出甲骨的号码。其他人有的负责揭取甲骨，有的将揭取出的甲骨放上标签号，并剔去其上的泥土。这些工序是环环相扣，缺一不可的。

　　我们的任务不只起取甲骨，还要为今后的粘对、缀合和研究工作打下良好的基础。如果只图快，可以将每版卜甲的小碎片捡到纸盒里，每号一盒，待将来逐片拼对。这样取甲骨是快了，但将来的粘对、缀合工作无疑会耗费大量的时间，而且有些小碎片，还容易丢失。为了保存每块卜甲的形状，王浩义建议采用以前发掘屯南H24坑用过的粘贴法，并做一些改进。

　　若是反面朝上的卜甲，在其上刷上浆糊，然后贴上麻纸，用小竹签或小铁钎轻轻地将卜甲下面的泥土掏掉，使它和下面的卜甲不再粘连，接着在卜甲下插进一把（或两把）小薄铲，再将一块硬纸板盖在卜甲的麻纸上，一手按着硬纸板，另一手用小铲将卜甲迅速托起，像翻烙饼那样将它翻转过来，使卜甲正面朝上，把它放入纸盒内，再抽去硬纸板。若是正面朝上，质地较好又断裂得不太多的卜甲，则在纸盒上放一块粘有浆糊的麻纸，用镊子或小铲将一大块卜甲中的已断裂的小片轻轻取下，按照原来各小片的位置将其依次排列在麻纸上；正面朝上且质地不好、破碎较厉害的卜甲，则直接在卜甲正面刷浆糊，贴麻纸，用上述第一种方法将它翻转过来。由于这时卜甲的反面向上，还需要再刷一次浆糊，再贴一次麻纸，做第二次翻转，然后将附于卜甲正面的麻纸揭掉。但无论哪种方法，都要尽快把甲骨上面的泥土剔剥干净（见图76）。

为了保证甲骨的安全，每天下班之后，小郭在甲骨箱内安上了警报器。

清理甲骨这段时间，有一件事令我至今难忘。1991年11月21日上午，安阳考古队副队长徐广德接到市里通知，说下午有北京来的领导参观殷墟

图76　花东H3坑第十五层甲骨

出土文物，叫队里做些准备。徐广德把接待任务交给我。下午5点，几辆小汽车开进考古站院子内。原来是国务院副总理邹家华来了，他还兼任国家计划委员会主任，工作极其繁忙。今天下午3点多参加安阳玻壳厂的开工仪式，视察厂房，然后就到考古队参观。他参观了站内陈列室展出的殷墟文物和从郭家庄迁回来的车马坑。邹总理对殷代文物很感兴趣，参观时还向我提了几个问题。最后，我陪他看了H3坑的甲骨箱。此时，郭鹏等人正在低头清理甲骨，邹总理对他们说："你们辛苦了！"边说边与他们一一握手，还驻足观看他们是如何揭取卜甲的。随后到办公室，请邹总理看几片新修复的完整的大卜甲。我给他介绍卜甲修复的方法和那几片卜甲上面刻辞的主要内容。他说："甲骨修复得很不错，你们的工作真不容易啊！"临走前他殷切地嘱咐我们："要保护和整理好这批珍贵的甲骨文！"

10月31日至11月26日，取出甲骨856片。因天气寒冷，难以工作，便将甲骨箱钉上盖板，在其上铺上棉被套，木箱外砌砖，因砖与木箱之间有10多厘米的空

隙，我们买了数百斤麦秸将缝隙填满。次年5月3日才开箱继续清理。当拆除木箱外的砖块时，从麦秸中爬出一条小黑蛇，很快就窜到甲骨箱东北边树木旁的草丛中去。当时，我的脑海中马上闪出了龟蛇相缠的玄武图像，原来蛇真的喜欢与龟为伴啊！玄武代表北方之神，象征水、生命、长寿等意义，这是好的兆头，可能预示着我们今年清理甲骨还会有重大收获吧！

真是天遂人愿，从1992年5月3日至6月1日，取出最后一片卜甲，费时30天，我们又清理出甲骨653片，其中完整的、大版的、文字多的卜甲的数量都超过1991年秋季清理的。如H3：864（《花东》286）卜甲，其上的卜辞31条，共265字，是H3坑出土字数最多的一片。

（四）重要的价值

H3坑共发现甲骨1583片，卜甲1558片，其中腹甲1468片、背甲90片，有刻辞的684片，有字腹甲667片，有字背甲17片。卜骨25片，有刻辞的5片。全部刻辞甲骨，收录于2003年云南人民出版社出版的《殷墟花园庄东地甲骨》（六分册）一书中（见图77）。

此坑甲骨以大版的卜甲居多，完整的卜甲有755版（见图78），半甲、大半甲的数量亦很多。特别珍贵的是有刻辞的完整卜甲300多版，占有字甲骨总数的

图77 《殷墟花园庄东地甲骨》书影

一半。这是自1936年YH127坑及1973年小屯南地甲骨以后殷墟甲骨文的第三次重大发现，被评为1991年全国考古十大发现。H3坑甲骨刻辞具有重要的学术价值，促进了甲骨学、古文字学、商代历史等多领域研究的深入发展。

1. 对甲骨文分期断代具有重要意义。

根据H3坑的地层关系和共存陶器的形式判断，属于殷墟文化第一期晚段，从坑中卜辞内容来看，大体相当于武丁前期。

H3甲骨刻辞，字体大多细小、工整、秀丽，有

图78　花东H3坑出土的完整刻辞卜甲

的字相当象形，如"首"字，为人的正面图像，描绘出人的双目、双耳、口和头发，非常逼真；"璧"字，圆圈外均匀地伸出三道短线，与殷墟墓葬中出土的牙形璧近似；"车"字，勾画出车轴、车箱、双轮、一辕、一衡、双轭，与考古发掘出土的马车遗迹相像；"戉"字，似按上柄的钺，戉身的形状，酷似殷墟墓葬出土的有孔青铜钺。这些字的形体，有一定的原始性，显示出时代较早的特点（见图79）。

甲骨文分期断代研究一直是甲骨学研究中的

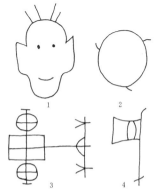

图79　花东H3坑甲骨上的
象形字
1.首 2.璧 3.车 4.戉

一个重要问题。长期以来，甲骨学者对殷墟卜辞进行分期断代都采用董作宾先生1933年写的《甲骨文断代研究例》中列举的五期分法、十项标准，特别是多用其中的称谓、贞人、字体三项来分期，但由于殷墟所出的的甲骨卜辞中以小片占多数，时常缺乏称谓与贞人，所以依据字体进行分期，又是学者们最喜用的方法。

一些学者在断定某片甲骨文的时代时，常将其上的干支与董作宾先生制定的"干支字体五期演变表"中的字体进行对照。H3甲骨刻辞中的不少干支字，如庚、辛、癸、子、辰、午、未、酉等，属于董氏字表中的中、晚期，即廪辛、康丁至帝辛时期的字体。我们认为H3坑的时代属于武丁时期，出现这种"矛盾"的情况表明，甲骨文分期断代应从多方面考虑，要注意区分不同的卜辞组，研究卜辞的内容，还应十分注意甲骨文出土的地层、坑位、共出陶器的形态等，将以上各项因素做综合分析才能得出正确的结论。

2. 为非王卜辞及商代家族形态的研究提供了珍贵的资料。

长期以来，学术界认为殷墟卜辞都是殷王的卜辞，20世纪70年代以后，大多数学者认识到殷墟卜辞中有一部分属非王卜辞，但还有少数学者对此持不同的看法。花东H3坑甲骨卜辞的出土，以无可辩驳的事实证明了非王卜辞的存在。非王卜辞的占卜主体是一些殷人家族的族长，因而这类卜辞对研究商代的家族形态至关重要。过去非王卜辞出土数量少，只1000多片，且以小片为主，而花东H3坑出土了689片，并以大版的卜甲为主，其内容远比以往发现的非王卜辞要丰富得多。所以，花东H3甲骨卜辞的出土，必将推动非王卜辞与商代家族形态的研究向纵深发展。

3. 发现近百个新见的字、词。

H3坑刻辞中有的字、词，如革、狼、璧、皮、带、臺、亡司等已被学者隶释，还有较多的字至今仍存疑待考，这批新见的字、词，对甲骨文字研究很有裨益。

4. 花东H3坑甲骨刻辞中，发现了许多新见的文例，对甲骨学的研究也是很重要的。

5. 甲骨刻辞内容丰富，对商代史及商代社会生活的研究提供了不少新颖的资料。下面略举数例：

关于妇好。自从妇好墓被发掘以来，妇好几乎成为文章中、展览中频频出现的名字。文物考古学界无人不知的人物，她是商王武丁的配偶，地位显赫，在甲骨卜辞王卜辞（宾组卜辞）中，有关妇好内容的有200多条，但与宾组同时并存的几组非王卜辞中则未见她的活动。我们在H3坑卜辞中，看到了有关妇好的卜辞有30多条，内容涉及花东H3坑的主人"子"向妇好贡献玉石器、丝织品、奴隶等，还见卜问武丁命令妇好征伐邵方之事。这些都是以往卜辞所未见的，对研究殷代的历史至关重要。

在武丁时期的王卜辞中，记录疾病的卜辞相当丰富，但在非王卜辞中关于这类内容记载很罕见。H3坑有关疾病的卜辞有40条，内容涉及疾口、疾齿、疾耳、疾骨、疾首、疾目、疾心、疾腹等8项，其中后两项是首次发现。

过去，甲骨著录中所见有关玉的卜辞数量不多，只50多条，大多数是有关玉、珏的内容，记玉器的只有6条卜辞。H3坑有关玉的卜辞多达30多条，其中20多条涉及玉器的种类及殷人用玉的相关问题，所记的玉器有圭、璧、琅、玉鸟、玉弄器等8种。还记载有关殷人用玉的情况，高级贵族常向殷王贡献玉器，而且高级贵族之间也互赠玉器，玉器常被用于祭祀。殷代有不少玉器是具有礼器功能的。

在王卜辞中关于马的卜辞常见，达200多条，但在非王卜辞中，涉及马的卜辞数量少，不足10条，内容也简单。花东H3坑关于马的卜辞数量多，有50多条，所记内容相当丰富，涉及马的名称、马匹的贡纳与征集、马群的安全、驾车用马的选择、祭祀和田猎用马等问题，其中有少新的材料。

安阳殷墟甲骨文的三次重要

图80　刚出土的字中填朱的H3坑卜甲

图81　刚出土的字中填墨的H3坑卜甲

发现，各有最突出的一些特点，这里我们将H3坑与YH127坑做一些简单的比较，两个坑有一些相同之处：均是武丁时代集中埋藏甲骨的窖穴，甲多骨少，完整的大版的卜甲数量多，字中填朱（见图80）、填墨（见图81）和刻划卜兆的现象较常见，甲骨的整治及甲骨反面凿、钻、灼排列方式近似，发现记录龟甲来源的记事刻辞。

两个坑也有不少相异之处，如：

坑的形状和坑内堆积不同。YH127坑是个圆坑，甲骨埋在中层的灰土中，其下还有1.6米深的绿灰土，说明该坑在放入甲骨之前已使用过一段时间。H3坑是长方形坑，坑底以上80厘米全部堆满卜甲，其上又填60厘米的黄夯土，夯土之上又有60厘米的浅灰土。H3坑的形制规整、坑壁整齐。这些迹象表明，当时的人们有意识挖造此坑，将一批占卜过的甲骨深埋于地下。此外，在YH127坑的甲骨堆中发现一具人骨架，H3坑中未见人骨或兽骨。

龟甲大小不同。YH127坑卜甲，大小相差较悬殊，最大的龟甲（《丙》184）长44厘米，宽35厘米，最小的龟甲（《丙》95）长11.5厘米，宽6.5厘米。花东H3坑的龟甲长度在13—35厘米之间，以20—28厘米的为多。此坑对占卜用龟有一定的取舍。

有孔卜甲孔的位置和大小有差异。YH127坑孔的位置常见于改制背甲的中部，只有少量在腹甲的甲桥。孔径0.8—1厘米。H3坑的有孔卜甲主要见于腹甲。比较常见的是孔位于甲桥中部，直径0.6—0.8厘米。有的孔位置不大固定，在甲桥、前甲、后甲、尾甲均有发现，位于断裂处的边缘，数目成偶数，4、6、8、10不等，对应排列，孔径0.2—0.4厘米（见图82），有的小孔还打破了卜甲反面的钻、凿、灼或正面的卜辞。甲桥与背甲上的孔，位置较固定，这是便于用绳子将数版或多版卜甲串联、捆扎在一起，目的是为了携带或保存。我们分析H3坑卜甲上的小孔的作用是将一些经过占卜、刻辞后不慎断裂的卜甲，用细绳加以连缀，可见这些卜甲，占卜之后要保存一段时间才会被舍弃。

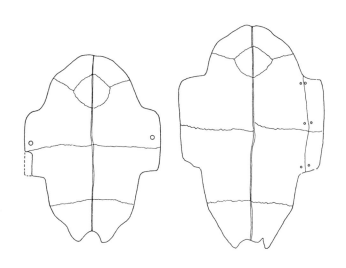

图82　花东H3坑的有孔卜甲

YH127坑的卜甲中，发现了毛笔书写的文字，H3坑卜辞全是契刻的，未见书辞。

记事刻辞中所记的贡龟数量不同。YH127坑的记事刻辞记载外地入贡龟甲的数量，从一至一千不等。如"我致千"（《乙》2684）、"雀入百"（《合集》9241）等。花东H3卜甲记事刻辞，记一次贡龟的数量多为个位数，如一至六、十、三十，未见三十以上者。

刻辞的内容及坑的主人不同。YH127坑的卜辞中王卜辞（宾组卜辞）有16000多片，而非王卜辞（子组、午组、非王无名组等）只有600多片，所以坑的主人应是商王武丁。全坑刻辞内容极其广泛，涉及商代的政治、经济、文化、社会生活的各个方面。H3全坑均属同一类子卜辞，即属于非王卜辞。刻辞内容较集中，主要有祭祀、气象、田猎、贡纳、疾病、吉凶梦幻等。

回顾一百二十年甲骨文的发现历史、发掘过程和研究成果，我作为新中国成立后两次重要的甲骨文发掘参与或主持者，可谓百感交集、思绪万千。甲骨宝库的神秘大门，在我们的辛勤工作中徐徐开启，甲骨资料的层层积累，发掘经验的步步提高，研究成果的渐渐丰富，为我们展现了一个五光十色的甲骨文世界，使我们能从宏观和微观视角去观察、去思考这座宝库。在深入构建甲骨学学科体系、学术体系、话语体系的今天，这本著作以什么样的范式撰写？经过反复考虑，决定定位于类似口述历史的方式，细致地叙述，尽可能复原当时发掘的情景和时空的涵盖面。看似一些繁琐的细节，却记录了考古工作者和参与发掘及整理的工人们的智慧、毅力和耐心，留下的是岁月记忆和历史档案。

甲骨文的三次重要发现，在甲骨学史上都具有里程碑意义。回首来处，辉煌成就来之不易；审视现在，精细研究势在必行；展望未来，坚持自信继续前进。

下编

开启甲骨宝库

精品共赏析

《丙》7（《合集》466，长23厘米，宽14.5厘米）

（1）丙辰卜，㱿贞：其㱿羌？一

（2）贞：于庚申伐羌？一

（3）贞：㱿羌？二

（4）贞：庚申伐羌？二

（5）贞：㱿羌？三四五 二告

（6）贞：庚申伐羌？三四五 二告

每条卜辞后面的数字位于兆枝的上方，学者称之为“兆序”，表示占卜的顺序。“二告”称为“兆辞”，其含义不大清楚。

商代祭祀时，常用羌人作为人牲。卜辞主要内容是卜问采用什么方法来处理这些羌族人牲。是用㱿（割裂肢体）法还是用伐（砍头）法。

字体用笔以方折为主，但有的字，折中带圆，如右前甲上方第（1）辞的“贞”字，竖画笔直，横画平稳，上方的两斜笔带有弧度。有的字，则圆中带折，如右后甲第（5）辞的“㱿”字，多数笔道为弧线，但偏旁“它”的下部向上弯折，相当挺峭。几个“羌”字，上部的双角呈锐角，人的身躯呈弧线，有的拱背，有的弯腰，姿态不同。整版文字各见韵味（见拓本图1、摹本图1）。

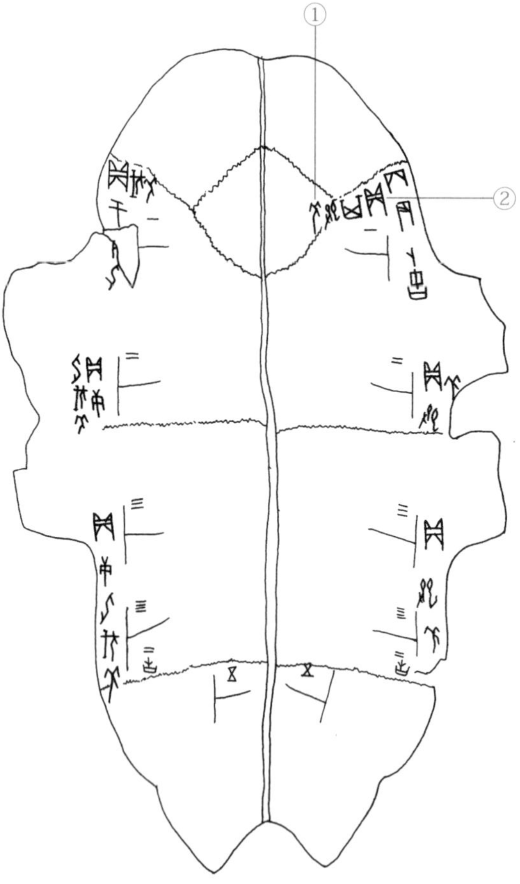

摹本图1

① 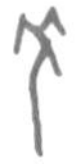 羌

② 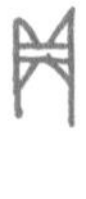 贞

拓本图1

《丙》197（《合集》903正，长32厘米，残宽20.5厘米）

（1）贞：我用翼孚（俘）？二

（2）丁未卜，殼贞：彰彳伐十，十宰？二

（3）乙卯卜，殼贞：来乙亥彰下乙十伐虫（又）五，卯十宰？二旬虫（又）一日乙亥不彰，雨。五月。二

（4）勿蕭佳（唯）乙亥彰下乙十伐虫（又）五，卯十宰，四☐。二

（5）來甲申虫（侑）于大甲？二 二告

（6）翌丁酉虫（侑）于且（祖）丁？二

（7）翌辛丑虫（侑）且（祖）辛？二 二告

（8）翌乙巳虫（侑）且（祖）乙？二

（9）翌辛酉虫（侑）且（祖），宰用？二

（10）且（祖）？二

（11）钔（禦）父乙？二

（12）父乙佳（唯）伐弟（祟）？二

（13）父乙不佳（唯）伐弟（祟）？二

（14）今日夕用正？二

（15）凫（陽）甲畫王？二

（16）父庚［畫］王？二

（17）父庚弗畫王？二

（18）父辛畫王？二

（19）父辛弗畫王？二

内容是祭祀祖先，祭祀对象有大甲、祖乙、祖辛、祖丁、阳甲、父庚、父辛、父乙，从后面的四个称谓可知，这是武丁之父阳甲、盘庚、小辛、小乙，应是标准的武丁时代卜辞。

（3）、（4）辞字体粗大，十分突出。卜辞的意思是：

乙卯日占卜，贞人殼问，在未来的乙亥对下乙（即祖乙）进行酒祭，并用十五个人牲和杀十宰（专门圈养用于祭祀的羊）作为祭品吗？到了第二十一天乙亥日，天下雨，没有进行酒祭。

不应该在乙亥这天对下乙（即祖乙）进行酒祭，并用十五个人牲和杀十宰作为祭品吗？

第（3）辞中，"殼""乙""旬""虫""亥""不""雨"等字属圆笔大字，而"卯""贞""来""日""伐"等字属折笔字，两种风格的字，处于同一条或同一行卜辞中，刚柔并济，灵活随意，表现出和畅之美。值得注意的是这条卜辞的行款，前辞、贞辞（问辞）、验辞共计二十八个字，分成从左至右的五竖列，第一列七个字，第二列与第四列各六个字，第三列五个字，第五列四个字。从第二列开始，每列的第一个字都低于前列。这样，从第一列首字"乙"，到第五列首字"亥"，排成一条斜线，错落有致。又，这条卜辞，行距与字距疏密得当，整齐有序，行气流畅（见拓本图2、摹本图2）。

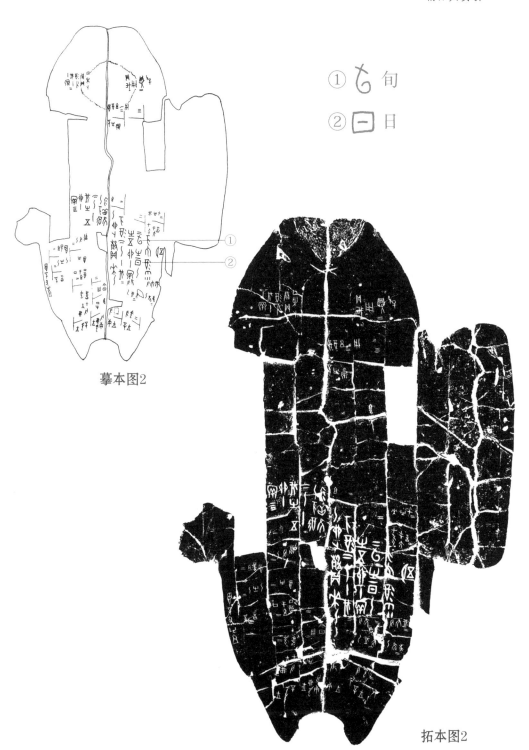

① 匄 旬

② 日 日

摹本图2

拓本图2

《乙》4682（《合集》3461，长16厘米，宽5厘米，为改制背甲右半部，中部有一圆孔）

（1）丁巳卜，宁（宾）：屮（侑）于大［戊］？一

（2）屮（侑）于黄尹四牛？二

（3）丁巳卜，内：屮（侑）于黄尹宰？一

（4）丁巳卜，内：屮（侑）于黄尹三牛？六月。一二三四

卜辞的大意是：

丁巳日占卜，贞人宾卜问，侑祭先王大戊吗？

侑祭旧臣黄尹用四头牛吗？

丁巳日占卜，贞人内卜问，侑祭旧臣黄尹用宰作为祭品吗？

丁巳日占卜，贞人内卜问，侑祭旧臣黄尹用三头牛作为祭品吗？

卜辞行款参差错落，字距与行距疏朗，但疏而不散，整版文字生动自然。此版有宾、内二位贞人，但书风一致，应是同一位刻手所为，从而可以推测贞卜之人与契刻卜辞的人是有分工的（见拓本图3、摹本图3）。

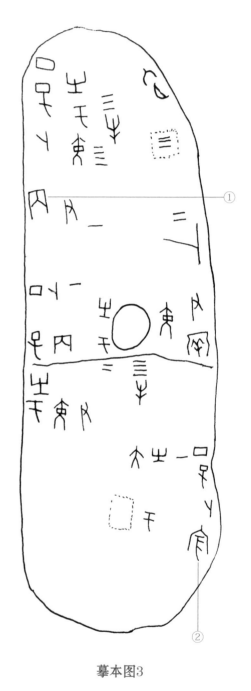

① 內 内

② 宾 宾

摹本图3

拓本图3

《丙》112（《合集》14735，残长18厘米，残宽18.4厘米）

（1）甲申卜，争贞：寮于王亥其玉？

（2）甲申卜，争贞：勿玉？ 一

（3）翌戊，宁焚于西？ 一

（4）寮☐牛☐日？ 一

（5）一 二 三

（6）王往马？ 一

（7）贞：帚（祟） 一

（8）贞：寮于王亥十牛？ 一

（9）贞：勿十牛？ 一

（10）贞：勿蠢三牛？ 〔一〕 二三

（11）贞：寮十牛？ 一

（12）王亥牛？ 二二

（13）☐亡囚（祸）？ 〔一〕 二

（14）☐其☐？ 〔一〕 二

第（1）辞"玉"字，有学者隶释珏或珝。

大多数卜辞内容是有关祭祀的，卜问祭祀先公王亥用什么祭品，用玉、用十牛还是三牛？

字体大多数大小适中，随势安排。重出的文字有不同的写法，如三个"王亥"，（1）、（8）辞两个字是分书，而（12）辞写作合文，"王"字的下横与"亥"字的上横合而为一。又如前甲的（1）、（2）辞的两个"玉"字，笔画相同，但形态有异。居左的端正平稳，居右的往右倾斜。这些都是刻辞者为避免单调重复求诸变化而采取的措施，从而使规整端庄的文字变得灵动（见拓本图4、摹本图4）。

① 玉

② 亥

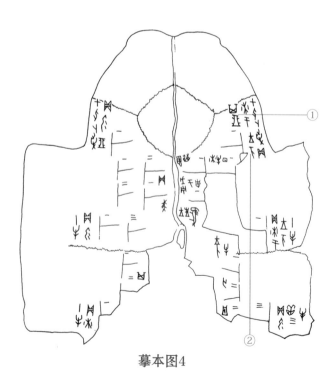

摹本图4

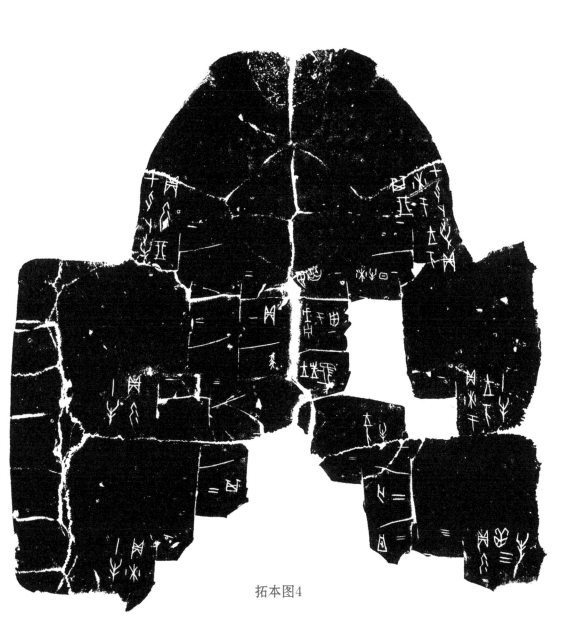

拓本图4

《乙》6664正（《丙》207，《合集》11497正，残长13.8厘米，宽18厘米）

（1）丁亥卜，殷贞：翌庚寅屮（侑）于大庚？一

（2）贞：翌辛卯屮（侑）于且（祖）辛？

（3）丙申卜，殷贞：来乙巳酚下乙？王固（占）曰："酚，隹（唯）屮（有）祟（祟），其屮（有）齒。"乙巳酚，明雨。伐既雨，咸伐亦雨，改卯鸟星（晴）。一

（4）丙午卜，争贞：来甲寅酚大甲？

（5）屮（侑）于上甲？一

第（3）辞"齒"字写作 ，多数学者隶释为齒，也有学者隶为设或殳。指征兆，在此辞中指不好的征兆。

卜辞内容是关于祭祀祖先的。其中，字数最多的是第（3）辞，位于卜甲的上部。卜辞的大意是：丙申日占卜，由贞人殷卜问，未来的乙巳日是否酒祭祖先下乙（指商王祖乙）。商王看卜兆后做出判断说，此次酒祭，将有灾祟，天上会出现不好征兆。到了第十天的乙巳日举行了酒祭，天亮开始下雨，举行伐祭（杀人祭祀）时雨停，人祭结束又下雨，到陈设祭品时，天变晴了。

此条卜辞是极佳的书法作品，常常被甲骨文书法家临摹。辞中的"申""巳""曰""酚""隹""屮""明""既""鸟"等字，属圆笔大字，结体浑厚，笔画丰肥，笔力沉雄凝重，线条转折自如，圆畅从容，富有毛笔字的风韵。辞中相同的字，在字形上有些变化，避免重复。如三个"乙"字，从右往左看，第一个"乙"字是折笔，第二个"乙"字上下有弯钩，似菱角形，第三个"乙"字，像S字形，三个字的线条都有些不同。三个"雨"字，虽然下面都有三点，但是搭配略有差别。第一个"雨"字，下面三点较短，点距稍密，第二个字三点比较长，第三个字三个点的距离较稀疏一些。

此条卜辞在章法上注意呼应。如第一行的"卜"字比较窄长，而第二行的"下"字则较宽短，相互照应。第六行"既"字较大，其上的"伐"字较短小，它左上方（即第七行）的"亦"字，人的右腿短些，这样就给"既"字左边的偏旁留下空间，使它能穿插进来。这条卜辞的行款的安排也别具匠心。卜辞分九竖行，第一、二行，靠近龟甲边缘，呈弧线排列，第五、六行靠近卜甲中线，多数字与中线平行，向下排成竖列，第三、四行每行四字，第七、八行每行三字，通过调整字的大小，基本对应。九行字，长短不一，错落有致。尤其是每行的第一个字，排成一列弧线，富有美感。

这版卜甲五条卜辞的布局，巧寓变化。第（1）（2）辞分别安排在右甲桥与左甲桥的下方，字体都较小，均是短行竖排，前者从左向右排，呈左高右低，后者从右向左排，呈右高左低，均与甲桥的纹理一致。两条卜辞，相互对称。左首甲下方的第四条卜辞亦是较小的字，该条卜辞的"丙午卜，争贞：来甲寅"与右首甲下方的第（3）辞"贞""来""乙""王""固"五个较粗大的字所占的面积相当，两者也基本对应。第（4）辞与第（3）辞的"星""卯""鸟"三字中间，留下了一片空白，平淡中见奇逸（见拓本图5、摹本图5）。

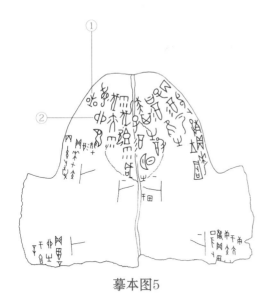

① 𣂁 星

② 卯 卯

摹本图5

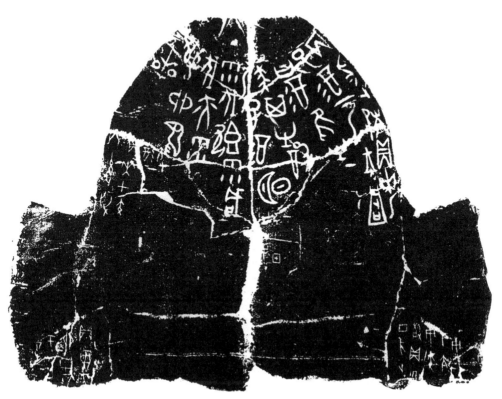

拓本图5

《丙》502（《合集》456正，长23.4厘米，残宽16.5厘米）

（1）甲午卜，争贞：翌乙未用羌？用。之日霾（雾）。一二

（2）甲午卜，争贞：翌乙未勿蠢用羌？一二

（3）贞：翌乙未用羌？一二三

（4）乙未卜，宁（宾）贞：以武刍？一二三

（5）以武刍？一 二告

（6）贞：弗其以武刍？一二

（7）屮（侑）于唐子，伐？一

（8）贞：乎（呼）取盂（伐）？一二

（9）贞：寮于土（社）？一二三

（10）屮（侑）于父乙？一二三

（11）贞：王梦，佳田（祸）？一 二告

（12）不佳田（祸）？一

（13）贞：王其疾目？一二

（14）贞：王弗疾目？一二

①  霾（雾）

② 伐字之简体

③ 伐

卜辞内容大致可分五部分：

（1）至（3）辞，卜问是否在乙未日用羌人作为人牲，（1）辞的验辞还记录了该日天气有雾。（4）至（6）辞，卜问武地的畜牧奴隶是否会送到（殷都）。（7）至（10）辞是关于祭祀的，第（7）辞，卜问侑祭唐子（先公名）是否用伐祭？第（8）辞，卜问是否取盂地之人为人牲举行伐祭。第（9）辞，卜问是否燎祭于社？第（10）辞，卜问是否侑祭先王父乙？第（11）、（12）辞，卜问王作了梦是否会发生灾祸？第（13）、（14）辞，卜问王是否会得眼疾？

（1）、（2）辞，位于首甲及前甲上部，字较大，形体呈长方形，大多数字的用笔是方圆相参的。（3）至（14）辞，字体较小，字形方正工整。（1）、（2）辞与（13）、（14）辞的行款均为弧线，与首甲及尾甲的弧度相适应。全版卜辞章法妥帖自然（见拓本图6、摹本图6）。

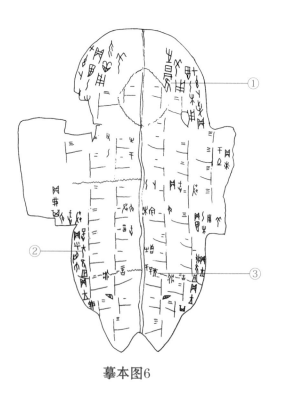

摹本图6

拓本图6

《乙》867（《合集》5611正，长20.4厘米，宽12.3厘米）

（1）丙子卜，韦贞：我受年？ 一二三四五六 二告

（2）丙子卜，韦贞：我不其受年？ 一二三四五六

（3）贞：王其屮（有）曰多［尹］？

（4）贞：勿曰多尹？

（5）贞：王其屮（有）曰多尹若？ 一二三

（6）贞：史（使）？

（7）贞：卩（节）？

一二三 二告

辞意较完整的是前五条卜辞，大意为：丙子日占卜，贞人韦卜问，我（商王国）会得到好收成吗？丙子日占卜，贞人韦卜问，我（商王国）不会得到好收成吗？卜问，商王曾说及众多的尹官？商王未说及众多的尹官吗？卜问，商王曾说过众多的尹官们吉利顺遂吗？

（1）（2）条卜辞，字最大，位于卜甲前甲的中下部，二辞中多数字的横画与竖画交接处呈直角，字形端庄工整。但"不受年"等字，折线与弧线配合得当，相映成趣（见拓本图7、摹本图7）。

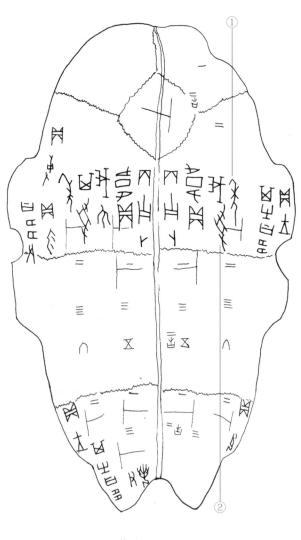

① 𣏾 年
② 𠬝 受

摹本图7

拓本图7

《乙》7750（《合集》787，长20厘米，宽13厘米）

（1）壬戌卜，争贞：叀王自往齒（陷）？一

（2）贞：叀多子乎（呼）往？

（3）癸亥卜，争贞：我黍受屮（有）年？一月。一三

（4）贞：勿蕭黍受屮（有）年？一

（5）弗其受屮（有）年？

（6）贞：屮（侑）于匕（妣）甲垂及，卯宰？一

（7）贞：勿蕭用？一二

（8）于女子？

（9）于女子？

（10）贞：兄（祝）于且（祖）辛？一

（11）兄（祝）于且（祖）辛？二

卜辞内容分三类：（1）、（2）卜辞关于田猎，卜问商王是否亲自参与用设陷阱的方法去捕猎麋鹿的活动；又卜问是否命令诸位王子参与陷麋活动？（3）至（5）辞关于农业，卜问在商王的王田上种植黍子能否得到好的收成？（6）至（11）辞关于祭祀。（6）、（7）辞，卜问侑祭妣甲是否用垂奴与俘虏作为人牲，并剖杀圈养的羊。（8）、（9）辞，卜问是否对殷王室已去世的男女贵族子弟进行祭祀？（10）、（11）辞，卜问对先王祖辛是否行祝祷之祭？

此版重出的字写法注意变化，如左甲桥上、下各有一"蕭"字，两字下部的"目"形有所不同，在上的字，上眼睑呈一直线，下眼睑为两条短斜线，中部的眼珠很不规整。在下的字，上下眼睑呈内凹的弧线，眼珠近圆形，线条婉曲舒徐（见拓本图8、摹本图8）。

① 蕭

② 垂

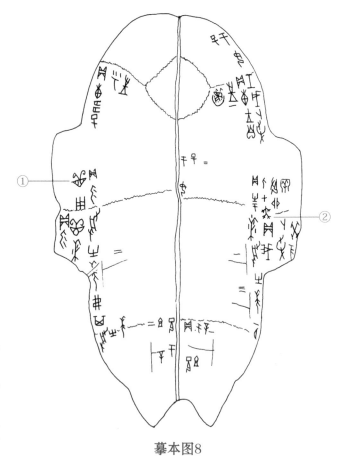

摹本图8

拓本图8

《乙》3287（《合集》9735，长16厘米，宽9.3厘米）

（1）甲午卜，徝贞：东土受年？ 一二三四五六七 二告

（2）甲午卜，徝贞：东土不其受年？ 一二三四五六 二告

卜辞辞意为：

甲午日占卜，贞人徝（延）卜问：东部的土地会得到好年成吗？

甲午日占卜，贞人徝（延）卜问：东部的土地不会得到好年成吧？

卜辞同出的字注意变化，如两个"东"字，一个中部为"十"字形，另一个中部为有圆点的竖线；两个"土"字，一个似菱形，一个似桃形；两个"受"字，中部"舟"的长短、宽窄不一。

两条卜辞位于卜甲中缝（千里路）两侧，右侧字数较短的正问句将第一个字的位置下移，使之与左侧的反问句基本上呈对称排列。在卜辞以外四周的大片空白处，分布着多个卜兆和兆序将两条卜辞包围起来，这样的布局，如众星拱月，使中部的两条卜辞更为醒目（见拓本图9、摹本图9）。

① 东
② 土

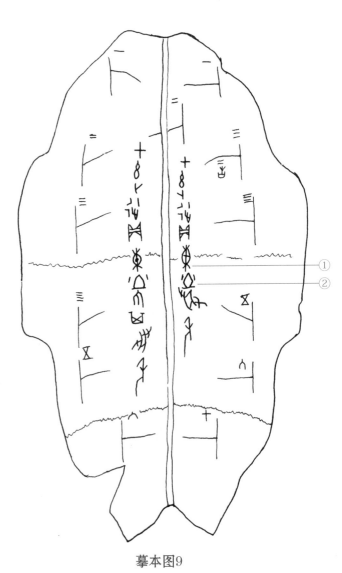

摹本图9

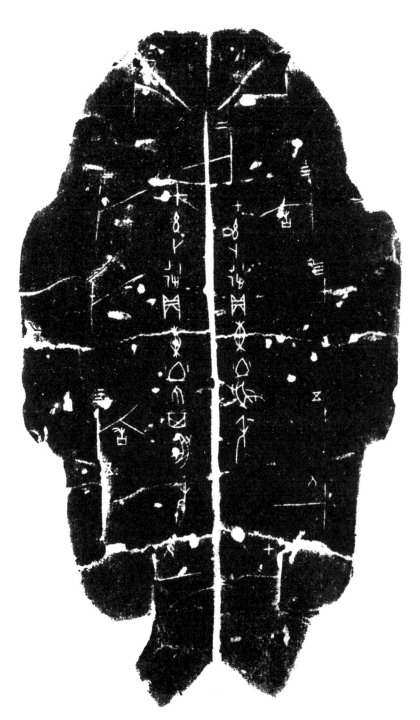

拓本图9

《丙》8（《合》9950正，长20.8厘米，宽14.5厘米）

（1）［丙］辰卜，殻贞：我受黍年？一二三四五

（2）丙辰卜，殻贞：我弗其受黍年？四月。一二三四五 二告

卜辞辞意为：

丙辰日占卜，贞人殻卜问，我们（殷商地区）会得到黍子的好收成吗？

丙辰日占卜，贞人殻卜问，我们不会得到黍子的好收成吗？

多数文字属折笔大字，笔画两端露锋显得气势宏放，特别是"我"字，横平竖直，左上方的锯齿形尖刃，表现出"我"这种带齿的钺形器是一种很锋利的兵器，雄强劲健（见拓本图10、摹本图10）。

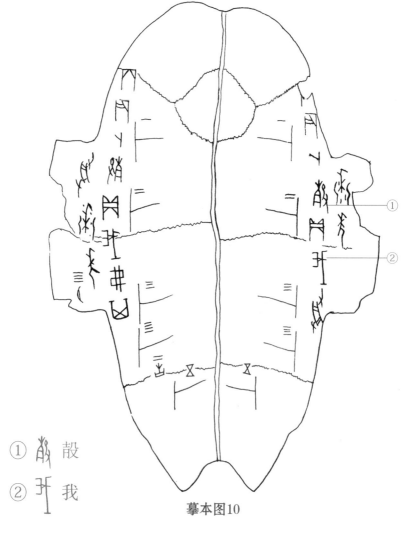

① 殻

② 我

摹本图10

拓本图10

《丙》492（《合集》14正，长17.3厘米，残宽10厘米）

（1）丙戌卜，宁（宾）贞：令［衆］黍，其受屮（有）［年］？一二三四［五］

（2）贞：乎（呼）雷耤于明？［一］二三四　二告

（3）庚申卜，屮贞：勿禱改于南庚宰？用。一

卜辞辞意为：

丙戌日占卜，贞人宾卜问，命令众人去种黍子，会得到好收成吗？

贞问，呼令雷（人名）到明地耕作吗？

庚申日占卜，贞人屮卜问，对先王南庚不该使用胞裂圈养的羊牲来祭祀吧？

第（1）辞是较重要的一条卜辞，书风苍雄遒厚，各字的线条搭配均衡自然，又注意变化。如"屮"字中画直，下画平，两侧的竖画左短右长，与其相接的横画则向右微斜，彼此呼应。第（2）辞的"雷"字，用笔圆曲，线条略显生涩，而"明"字则方圆兼备，意韵和谐（见拓本图11、摹本图11）。

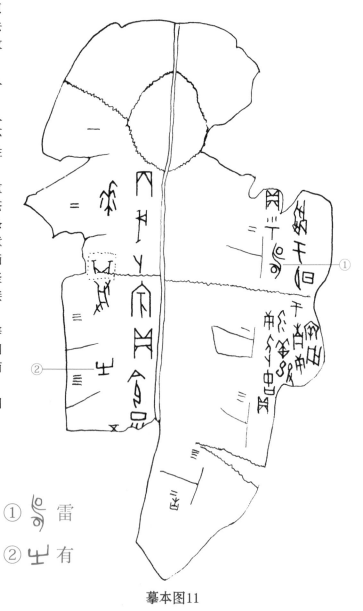

① 🐚 雷

② 屮 有

摹本图11

拓本图11

《丙》128（《合集》152正，长27厘米，宽20厘米）

（1）庚辰卜，宁（宾）贞：朕刍于鬥？一

（2）贞：朕［刍］于丘剌？一

（3）贞：朕刍于鬥？二

（4）贞：朕刍于剌？二

（5）辛巳卜，内贞：般往來亡田（祸）？一

（6）贞：亚往來亡田（祸）？［一］

（7）亚［其屮（有）］田（祸）？［一］

（8）般其屮（有）田（祸）？一

（9）贞：翌乙未其寮？一二

（10）翌乙未勿衣寮？一二

卜辞内容分三部分：（1）至（4）辞，卜问是否到鬥（地名），到丘剌去放牧？（5）至（8）辞，卜问般（人名）与亚（官名）往来是否没有灾祸？（9）、（10）辞，卜问未来的乙未日是否进行燎祭？

某些会意字，如"刍"字，像以手断草之形；"鬥"字作二人徒手搏斗，欲揪住对方的头发之状，生动传神（见拓本图12、摹本图12）。

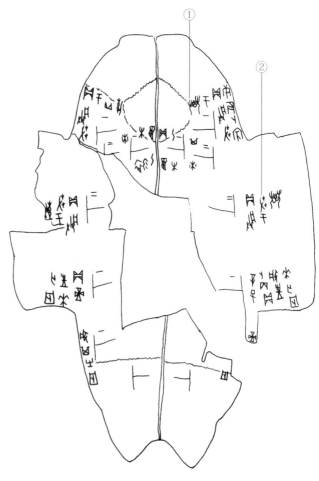

① ⚔ 鬥

② ✦ 刍

摹本图12

拓本图12

《**丙**》353（《合集》11177，长15.2厘米，宽10厘米）

（1）丙午卜，宁（宾）贞：乎（呼）省牛于多奠？一二三四五六［二告］

（2）贞：勿乎（呼）省牛于多奠？一二三四五六 不舌

第（2）辞兆序后的"不舌"，为兆辞，有学者认为指兆象不模糊的意思。

卜辞辞意为：

丙午日占卜，贞人宾卜问，商王派人到多个奠地（奠为王畿以外地区）视察养牛业的情况吗？

贞问，不要派人到多个奠地视察养牛业情况吗？

卜辞反映出商王对养牛业的重视，字体较大，书风健劲，左右两行文字沿着卜甲的边缘作自上而下的弧线。后甲的两个"多"字一正一反，求诸变化，左前甲的"勿"字，上部转折处断笔，但笔断意连（见拓本图13、摹本图13）。

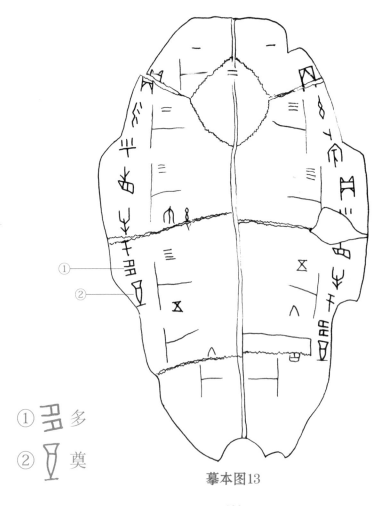

摹本图13

拓本图13

《丙》284（《合集》10198，残长19.3厘米，残宽17.4厘米）

（1）贞：翌辛亥王出？ 一二三四五六 二告

（2）☑禽（擒）？ 一二三四五

（3）翌戊午焚禽（擒）？ 一二三四五 二告

（4）戊午卜，殼贞：我狩敝，禽（擒）？之日狩，允禽（擒），隻（获）虎一、鹿四十、犾（狐）百六十四、麑百五十九、蔺赤屮（又）友二、赤小口四口［一］二三四五六七八九十 二告

卜辞内容是关于商王田猎之事，其中位于右后甲下部的第（4）辞最重要。该辞大意为：戊午日占卜，贞人殼卜问，我（商王本人）在敝地狩猎，会有擒获吗？在验辞中记录了商王当日狩猎，获得虎一只、鹿四十只、狐一百六十四只、小鹿一百五十九只，还有鸟数只。这条卜辞所记商王获得的动物品种和数量都相当丰富，应是一次动用人员较多、规模较大的围猎。

卜辞文字粗大，书风雄浑古朴。辞中的第一竖列至第七竖列，文字从三个或四个逐渐增至七个，字体则由大渐小，与此相应的是字距与行距由疏变密，怡然自适。辞中有关动物的字，能把握住不同动物的主要特征，如"虎"字，头大、身有纹饰，"鹿"字，头上有一对分叉的长角，"麑"（小鹿）字，身躯与鹿相似，但头上无角，因物赋形，意态纷然（见拓本图14、摹本图14）。

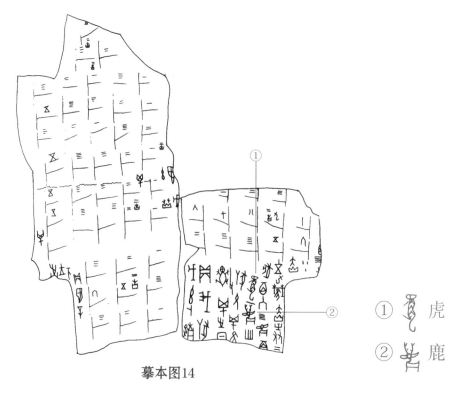

摹本图14

① 虎
② 鹿

拓本图14

《乙》6382（《合集》8492，长14.4厘米，宽5.8厘米，改制背甲的右半部，中部偏右，有一残破的圆孔）

（1）己酉卜，殸贞：危方其㞢（有）囚（祸）？一二三四

（2）己酉卜，殸贞：危方亡其囚（祸）？五月。一二三 二告

卜辞的大意是：

己酉日占卜，贞人殸卜问，危方会有灾祸吗？

己酉日占卜，贞人殸卜问，危方不会有灾祸吗？

第（1）辞在背甲右上方，第（2）辞在背甲左下方，两辞斜向对贞，相互呼应。字体工整，行款自上而下，由内而外。其中两个"危"字，三条长短不一的弧线，向左剞倾，并向下汇聚，结体突破常规，清新雅丽（见拓本图15、摹本图15）。

① 方
② 危

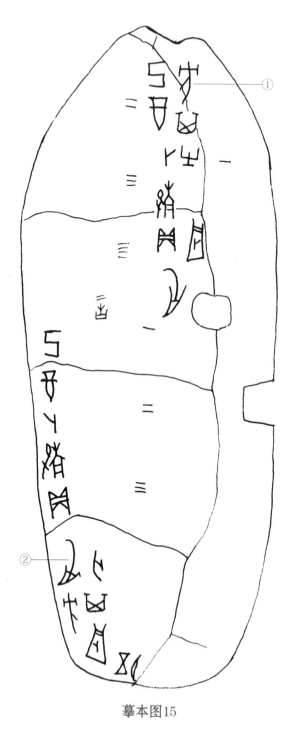

摹本图15

104

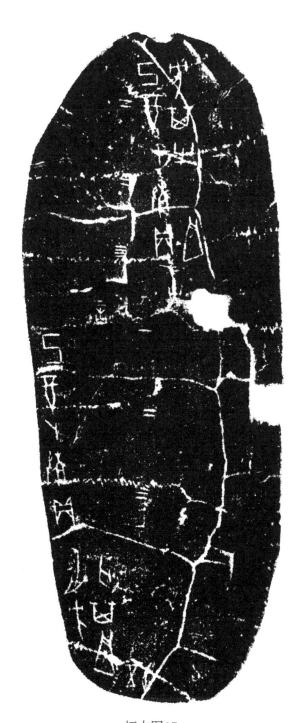

拓本图15

《乙》2948（《合集》6480，残长21厘米，残宽16厘米）

（1）辛未卜，争贞：妇好其比沚馘伐巴方，王自东罙伐戈，齿（陷）于妇好立（位）？四

（2）［贞］：妇好其□□馘［伐］巴［方］，王［勿］自东罙伐戈，齿（陷）于妇好立（位）？四

（3）贞：王叀而白（伯）龜比［伐］□［方］？四

（4）贞：王勿隹（唯）而白（伯）龜［伐］？四

（5）贞：王令妇好比侯告伐［人（尸）］？四

（6）贞：王勿［令］妇好比侯［告伐］？四

（7）贞：王☒比伐☒？

卜辞主要内容是卜问商王（武丁）伐巴方、人方之事。其中，刻在首甲及前甲上方的第（1）、（2）辞，记述战争情况较详细。其大意是：辛未日占卜，贞人争卜问，命令妇好统率沚馘伐巴方，武丁亲自由东罙去攻打巴方在戈地的驻军，把敌军歼灭在妇好事先设下的埋伏之处。

前甲、后甲的第（3）至（7）辞为多列短直行，文字由内而外或由外向内排列。而第（1）、（2）辞的行款是依首甲及前甲上部的形状安排的，字的排列呈弧线，由外至内共五行或六行，字数从第二行始，逐渐减少。柔韧的线条长短不一，如同舞动的彩带，迴环婉蜒（见拓本图16、摹本图16）。

① 妇 好

② （婦、妇）

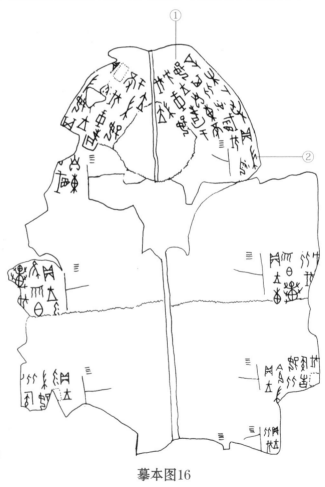

摹本图16

拓本图16

《丙》1（《合集》6834，长30厘米，宽22.8厘米）

（1）壬子卜，争贞：自今［五］日，我𢦏𡧊？一二

（2）贞：自五日我弗其𢦏𡧊？一二

（3）癸丑卜，［争］贞：自今至于丁巳，我𢦏𡧊？王固（占）曰："丁巳我毋其𢦏，于来甲子𢦏。"旬业（又）一日癸亥，车弗𢦏，之夕𤉲，甲子允𢦏。一二

（4）癸丑卜，［争］贞：自今至于丁巳，我弗其𢦏𡧊？一二

（5）庚申卜，王贞：余伐不？三月。一

（6）庚［申］卜，王贞：余勿伐不？一 二告

（7）庚申卜，王贞：余伐不？一

（8）庚申卜，王贞：余勿伐不？一

（9）［庚］申卜，［王］贞：隻（获）缶？［一］二告

（10）庚申卜，王贞：雀弗［隻］（获）缶？一

（11）雀弗其隻（获）缶？一

（12）辛酉卜，殼：翌壬戌，不至？一 二告

（13）癸亥卜，殼贞：我史𢦏缶？一二 二告

（14）癸亥卜，殼贞：我史毋其𢦏缶？一二 二告

（15）癸亥卜，殼贞：翌乙丑多臣𢦏缶？一二

（16）翌乙丑多臣弗其𢦏缶？一二

（17）乙丑卜，殼贞：子商弗其隻（获）先？一二三 二告

（18）丙寅卜，争：乎（呼）龙、失、侯专𡦪（祟）权？一二

（19）贞：𠦪弗其𡧊王事？一二 二告

卜辞内容是卜问商王朝与方国部族战争之事。被征服的国族有𡧊、不、权、缶、先等。商王朝的官吏、臣属或某些部族如雀、史、多臣、子商、龙、失、侯专等参与了征伐战争。十九条卜辞中以位于中甲及前甲的第（3）、（4）辞文字最多，内容最重要。第（3）、（4）辞的大意是：

癸丑日占卜，贞人争卜问，自今日至丁巳日我（指商王朝）要翦灭𡧊方国吗？商王看卜兆后做出判断说：丁巳日我不翦灭𡧊，于未来的甲子日才去翦灭𡧊。事后所记应验的结果是：十一天后的癸亥日，商王动用了战车没有翦灭𡧊（也有学者说，"车"为人名，是翦伐𡧊的将领）。当天夜里至甲子日凌晨再发起攻击，终于在甲子日翦灭了𡧊方。

癸丑日占卜，贞人争卜问，自今至丁巳日我（指商王朝）不去翦灭𡧊方国吗？

（3）、（4）辞，字体粗大，力感极强，线条婉转，字中填以红色，鲜艳夺目。其余的17条卜辞，字体较小，笔画纤细，字中填以褐色。甲面上大字疏朗宽绰，小字密集紧凑，穿插错落，疏密开合。令人感受到甲骨文古朴典雅、率真自然的风格。

（3）、（4）辞的字体与分行布位，行气清晰。如果一版甲骨有多条卜辞时，卜者往往将内容重要的卜辞置于突出的位置，并将其字体刻得大一些（见拓本图17、摹本图17）。

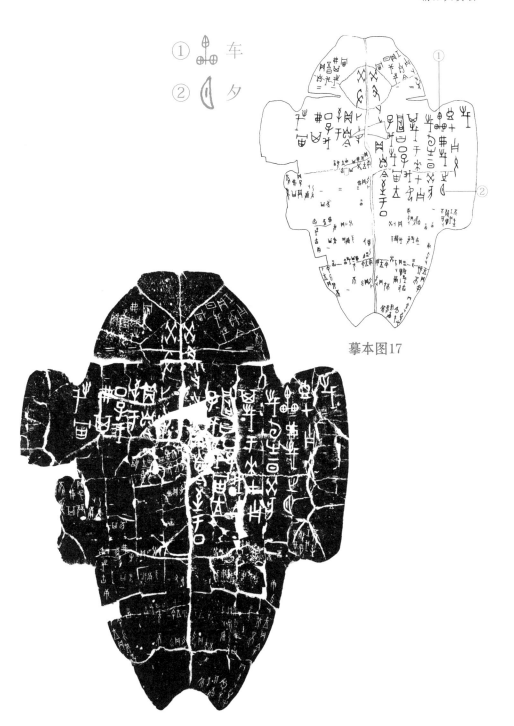

① 车
② 夕

摹本图17

拓本图17

《丙》22（《合》32正，长28.5厘米，宽17.3厘米）

（1）乙卯卜，㱿贞：王比望乘伐下危，受出（有）又（祐）？四

（2）乙卯卜，㱿贞：王勿比望乘伐下危，弗其受又（祐）？四

（3）贞：王比望乘？四

（4）贞：王勿比望乘？四

（5）丁巳卜，㱿贞：王学棐 𠂤（伐）于党方，受出（有）又（祐）？四

（6）丁巳卜，㱿贞：王勿学棐党方，弗其受出（有）又（祐）？四

（7）王惠（惟）出循？四

（8）王勿佳（唯）出循？四

（9）庚申卜，㱿贞：乍（作）宁？四

（10）庚申卜，㱿贞：勿乍（作）宁？四

（11）贞：王惠（惟）沚𢦌比［伐巴方］？四

（12）贞：王勿比沚𢦌［伐］巴［方］？四

（13）惠（惟）𢦌比？四

（14）勿佳（唯）比𢦌？四

卜辞内容分为三部分：一是征伐。其中（1）至（4）辞贞问，商王率领大将望乘去征伐下危（方国）是否会受到保佑？（5）、（6）辞贞问，王教令众人征伐党方，是否会受到保佑？（11）至（14）辞贞问，王是否率领大将沚𢦌伐巴方？二是巡视。（7）、（8）辞卜问，商王是否外出巡视？三是祭祀。（9）、（10）辞贞问，商王是否进行乍祭和傧祭？

此版重出的文字注意变化。六个"㱿"字，（1）、（2）辞为长方体，正、反相对，（9）、（10）辞为方形，（5）、（6）辞虽作长方形，但尺寸较小。八个"比"字，（3）、（4）、（14）辞的三个，人手弯曲，而其余的五个，人手向下斜伸，人身的弯曲度也有一些区别（见拓本图18、摹本图18）。

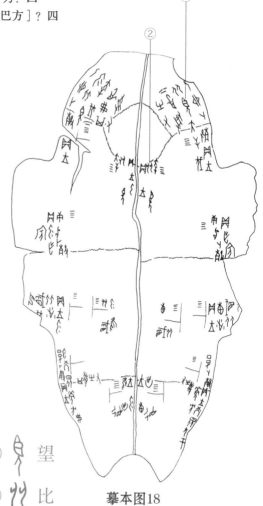

① 望
② 比

摹本图18

拓本图18

《丙》538（《合集》13333正，残长13厘米，宽10.4厘米）

（1）甲申卜，殷贞：翌乙酉其風？一二三［四］五六

（2）翌乙酉不其風？一二三四五六

卜辞辞意为：

甲申日占卜，贞人殷卜问：未来的乙酉日会刮风吗？未来的乙酉日不会刮风吧？

卜辞字较大，大多数字用笔以方折见长，但"风""不"等字线条柔美流畅。重出的文字写法有区别，如右、左两个"其"字，一为直笔，方正规整，另一以弧笔为主，略向右倾。文字布局较巧妙，左、右两条卜辞贴近首甲、前甲与甲桥的边缘，从上向下排列，为了与甲面形状相对应，右甲上部"甲""申""卜""风"几个字略向左倾，而左甲"翌""乙""酉"三字略向右倾，下部的文字则成直线，与甲桥边缘平行（见拓本图19、摹本图19）。

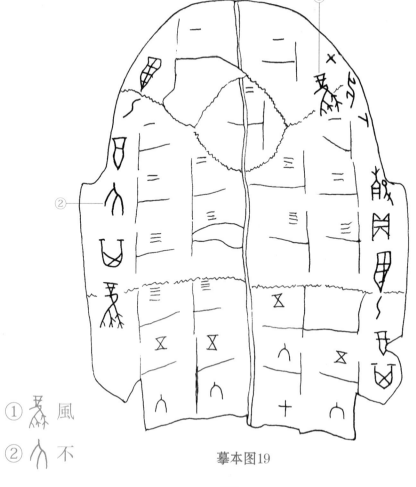

① 風
② 不

摹本图19

拓本图19

《丙》368（《合集》12487正，长18厘米，宽10.5厘米）

（1）癸巳卜，争贞：今一月雨？王固（占）曰："丙雨。"一二三

（2）癸巳卜，争贞：今一月不其雨？一二三

旬壬寅雨。甲辰亦雨。

卜辞辞意为：

癸巳日占卜，贞人争卜问：现今一月份之内会下雨吗？王看了卜兆后做出判断说：丙日那天将会下雨。

癸巳日占卜，贞人争卜问：现今一月不会下雨吧？

在验辞中记录了结果，在下一旬的壬寅下了雨，甲辰日亦下了雨。

此版卜辞字大，多数字用笔方折，书风雄健。少数字如"旬""争"等用曲笔，曲线流转，舒展大方（见拓本图20、摹本图20）。

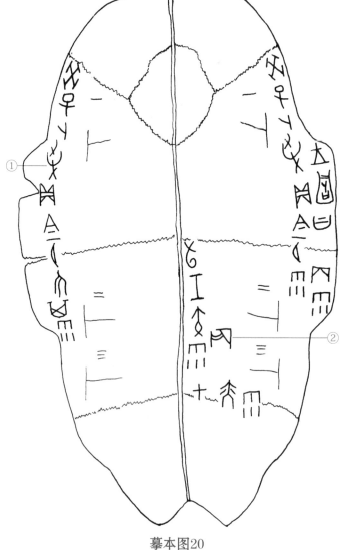

① 争

② 辰

摹本图20

114

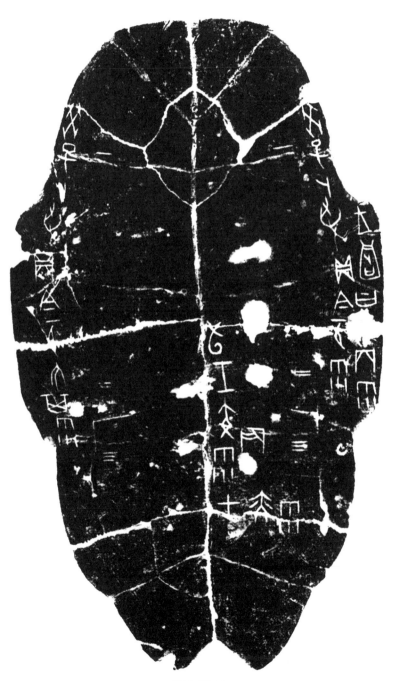

拓本图20

《丙》369（《合集》12487反，长18厘米，宽10.5厘米）

（1）雀入二百五十。

（2）己酉雨，辛亥亦雨。

第（1）辞属甲桥记事刻辞，记录雀（商王重臣）进贡龟甲二百五十版。第（2）辞是《丙》368（即此卜甲的正面）的验辞，己酉日下了雨，辛亥日亦下了雨。

从卜甲正反面所记的验辞来看，一月份有四天下了雨，即第十天壬寅，第十二天甲辰，第十七天己酉，第十九天辛亥。

文字用笔方圆兼施，"己""雨""辛"字为折笔字，"入"字为圆笔字，"雀""百""酉""亥"等字则是方圆并举，融为一体（见拓本图21、摹本图21）。

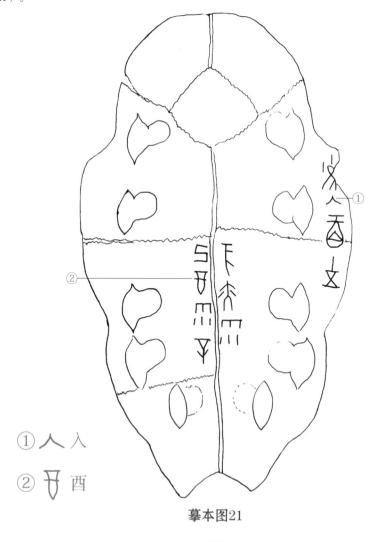

① 人 入

② 𠀠 酉

摹本图21

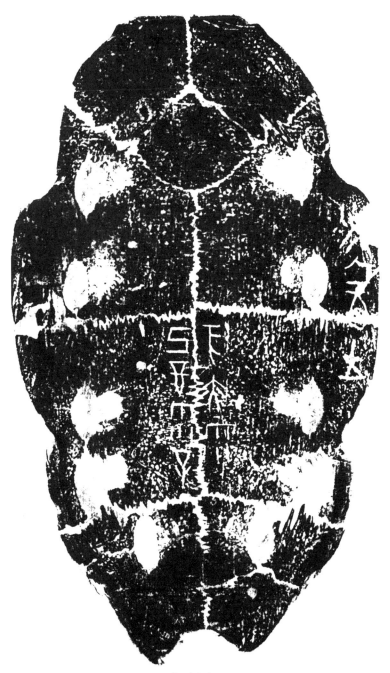

拓本图21

《丙》354（《合集》1100正，长21厘米，宽12.5厘米）

（1）辛亥卜，宕（宾）贞：屮正化以王系？一二三四五 二告

（2）辛亥卜，宕（宾）贞：屮正化弗其以王系？一二三四五

卜辞的大意是：

辛亥日占卜，贞人宕（宾）卜问，屮正化（地方贵族的名字）向商王（武丁）进献系奴吗？

辛亥日占卜，贞人宕（宾）卜问，屮正化（地方贵族名）不向商王（武丁）进献系奴吗？

两条卜辞正反对贞，各卜问了五次。卜辞属典型的折笔大字，劲健有力。其中的合体字，偏旁配合，相当巧妙，如"化"字作二人正反相背，一人突起的臀部与另一人弯曲的下膝相错，表现出背而不离之态（见拓本图22、摹本图22）。

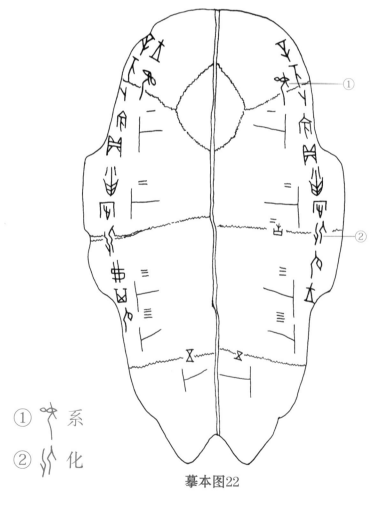

① 系
② 化

摹本图22

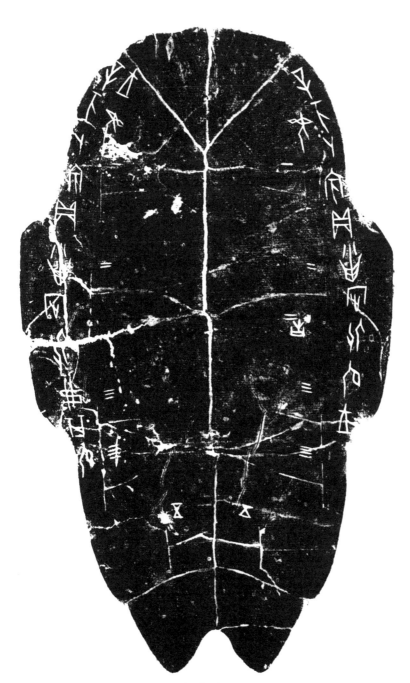

拓本图22

《丙》147（《合集》14206正，残长23.5厘米，宽21.4厘米）

（1）壬子卜，争贞：我其乍（作）邑，帝弗左，若？三月。一二三四五六七八九十
［二］告

（2）癸丑卜，争贞：勿乍（作）邑，帝若？一二三四五六七八九十 二告

（3）［癸］丑卜，争贞：我宅兹邑，大［甲］宁（宾），帝若？三月。
一二三四五六七八九十 二告

（4）癸丑卜，争贞：帝弗若？一［二三］四五六［七八］九十

卜辞的大意是：

壬子日占卜，贞人争卜问，我（指商王）要兴建城邑，天帝没有什么不便，会允
诺吗？

癸丑日占卜，贞人争卜问，不兴建城邑，天帝会允诺吗？

癸丑日占卜，贞人争卜问，我（商王）要住在这个城邑，傧祭先王大甲，天帝会
允诺吗？

癸丑日占卜，贞人争卜问，天帝不允诺吗？

从卜辞的兆序可知，共卜问了十次，可见商王对"作邑"与"宅邑"之事非常重视。

文字大小适中，行款整齐，自上而下，自内而外。三个"邑"字，"口"与"卩"两个偏旁上下断开，但笔断势连。该字与四个"若"字，分布于卜甲中缝之两侧，一正一反，相互对称（见拓本图23、摹本图23）。

① <ruby>邑</ruby>
② <ruby>若</ruby>

摹本图23

拓本图23

《丙》73（《合集》14210正，长18.7厘米，宽10.5厘米）

（1）丙辰卜，殻贞：帝佳（唯）其冬（终）兹邑？四

（2）贞：帝弗冬（终）兹邑？四

（3）贞：帝佳（唯）其冬（终）兹邑？四

（4）贞：帝弗冬（终）兹邑？四

（5）翌庚申疎于黄奭？四

（6）贞：戌舞雨？

卜辞内容分两部分：（1）至（4）辞，卜问天帝是否要终绝此邑？（5）、（6）辞是有关祭祀的。第（5）辞辞意为未来的庚申日疎祭黄奭吗？第（6）辞的"戌"字据《丙》71应是"我"字之误写，意为卜问我（指商王）要举行舞祭求雨吗？

字体适中，大多数字笔画劲挺，少数字用圆笔，笔画柔和。如（1）、（3）辞的"佳"字，第（5）辞的"翌"字，线条圆润，穿插于方折的卜辞中，更显得秀丽柔美。六条卜辞，分居于卜甲左右两侧，（1）、（3）、（5）辞与（2）、（4）、（6）辞相对称（见拓本图24、摹本图24）。

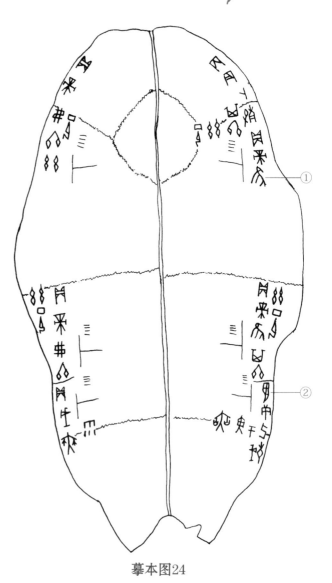

摹本图24

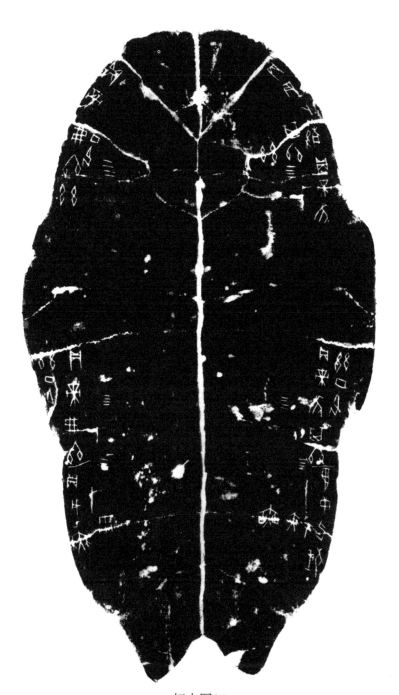

拓本图24

《乙》6385（《合集》11560正，残长14.5厘米，残宽14厘米）

（1）甲寅卜，殼贞：羽（翌）乙卯易日？一二三

（2）贞：羽（翌）乙卯，乙卯不其易日？一二三

（3）贞：虫（有）疾自，隹（唯）虫（有）蚩（害）？一二［三］四

（4）贞：虫（有）疾自，不隹（唯）虫（有）蚩（害）？一二［三］四

卜辞的大意是：

甲寅日占卜，贞人殼卜问，第二天乙卯日是阴天吗？

卜问，第二天乙卯日不是阴天吗？

卜问，鼻子有病，会有灾祸发生吗？

卜问，鼻子有病，不会有灾祸发生吧？

（3）、（4）辞中的"自"字，原义是指人的鼻子。"疾"字，作人卧于床上，大汗淋漓之状，应物象形，表达患病之意（见拓本图25、摹本图25）。

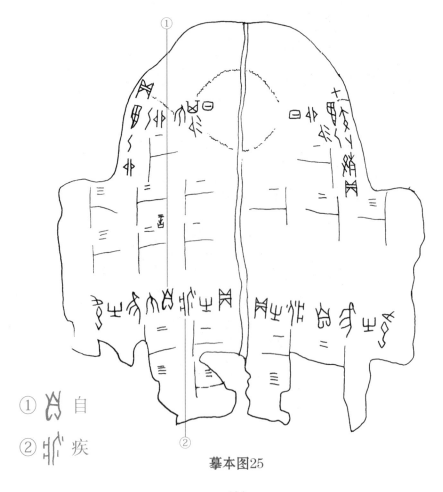

① 自

② 疾

摹本图25

拓本图25

《丙》190（《合集》13931，残长15.8厘米，宽10.3厘米）

（1）［庚］申卜争贞：帚（妇）好［不征（延）］屮（有）疾？一

（2）帚（妇）好其征（延）屮（有）［疾］？一 二告

（3）贞：帚（妇）好不征（延）屮（有）疾？二

（4）帚（妇）好其征（延）屮（有）疾？二

（5）癸未卜，设贞：帚（妇）妌屮（有）子？二月

（6）贞：帚（妇）妌毋其屮（有）子？一

（1）至（4）辞内容是卜问妇好（商王武丁配偶）患有疾病，是否会延续下去？

（5）、（6）辞内容是卜问妇妌（商王武丁另一个配偶）是否有子？

此版重出的字较多，但同一字写法上有些区别，注意避复，六个"帚"字，（5）、（6）辞的两个作 ，（1）至（4）辞作 ，倒书。两个"妌"，分别在（5）、（6）辞尾甲的位置，一正一反，两相对应。四个"好"字，其右侧之"子"字或长或短，与"女"字之距离或疏或密，有所不同。由于写法上或结体上的差异，全版文字错落对比，得其天趣（见拓本图26、摹本图26）。

① 帚·（即妇）

② 妌

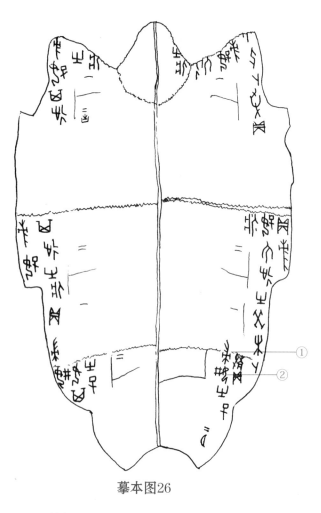

摹本图26

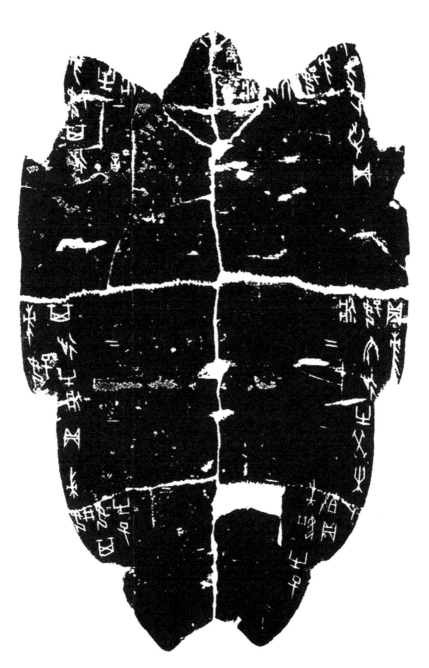

拓本图26

《丙》88（《合集》10345正，长27.4厘米，宽16厘米）

（1）丙申卜，争贞：王梦佳（唯）囚（祸）？一

（2）丙申卜，争贞：王梦不佳（唯）囚（祸）？一

（3）丙申卜，争贞：王其逐麋，菁（遘）？一

（4）丙申卜，争贞：王步？一

卜辞大意为：

丙申日占卜，贞人争卜问，商王做了梦，会有灾祸吗？

丙申日占卜，贞人争卜问，商王做了梦，不会有灾祸吧？

丙申日占卜，贞人争卜问，王如果去驱逐麋鹿，会遇到它吗？

丙申日占卜，贞人争卜问，王步行吗？

卜辞的"麋"字，双角与身躯用折线，表现其强劲的体态。上眼睑用弧线，眼珠画一圆圈，十分突出，令人感到一头活生生的麋鹿呼之欲出（见拓本图27、摹本图27）。

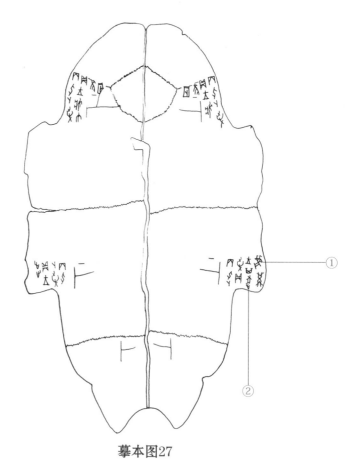

① 麋
② 逐

摹本图27

拓本图27

《丙》247（《合》14002正，残长13厘米，残宽12.5厘米）

（1）甲申卜，殷贞：帚（婦）好娩，妫（嘉）？王固（占）曰："其隹（唯）丁娩，妫（嘉）。其隹（唯）庚娩，引吉。"三旬山（又）一日甲寅娩，不妫（嘉），隹（唯）女。一

（2）甲申卜，殷贞：帚（婦）好娩，不其妫（嘉）？三旬山（又）一日甲寅娩，允不妫（嘉），隹（唯）女。一

卜辞内容是卜问妇好分娩日期及孩子的性别，意思是甲申日占卜，由贞人殷卜问，妇好将分娩，是生男孩吗？商王（武丁）看卜兆之后做出判断说，如果在丁日分娩，就生男孩；如果在庚日分娩，就永远吉利。结果过了三十一天，在甲寅日分娩了，不是男孩，而是女孩。

甲申日占卜，由贞人殷卜问，妇好将要分娩，不会生男孩吗？结果过了三十一天，在甲寅日分娩了，果然不是男孩，是女孩子。

卜辞反映出三千多年前殷商时代已存在着重男轻女的思想。

字体粗大，笔画转折处棱角分明，气势宏伟。特别是左首甲的"帚"字，结体中正，竖笔很直，呈撑拄挺立之势，很有力量。而某些相同的字注意变化，如六个"娩"字，有的长方，有的近方，还有的字扁，该字下部人的双手，姿态也不一样。行款错落有序，整篇文字，行气一贯，飘逸潇洒（见拓本图28、摹本图28）。

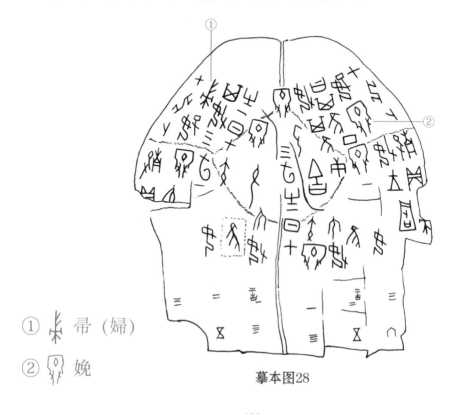

① $\not\leftthreetimes$ 帚（婦）

② 娩

摹本图28

拓本图28

《丙》5（《合集》5637正，长29.8厘米，宽19厘米）

（1）庚子卜，争贞：西史旨亡囚（祸）？甾。一

（2）庚子卜，争贞：西史旨其㞢（有）囚（祸）？一 二告

（3）贞：西史旨亡囚（祸）？甾。二

（4）西史旨其㞢（有）囚（祸）？二

（5）贞：旨亡囚（祸）？三 二告

（6）旨其㞢（有）囚（祸）？三

（7）旨亡囚（祸）？四

（8）其㞢（有）囚（祸）？四 不告

（9）旨亡囚（祸）？五 不告

（10）其㞢（有）囚（祸）？五

卜辞内容主要是贞问西史旨有无灾祸，能否勤劳王事？贞人争在庚子日从正反两方面分别占卜了五次，可见商王武丁对此人很关心。由此可推断，西史旨应是武丁时期的一位重臣。

文字字体适中，竖画垂直，横画平稳，斜画适度，端正规矩。这些卜辞分布在甲面四周，中部无字，留白很大，有的书法学者称此种布局为"十面埋伏"（见拓本图29、摹本图29）。

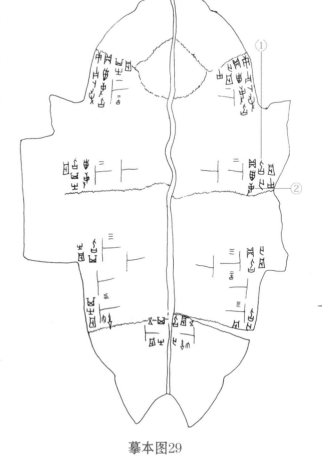

摹本图29

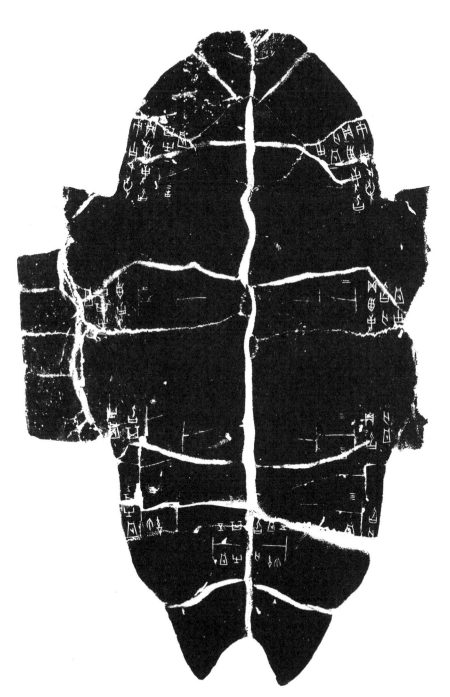

拓本图29

《乙》4504（《合补》6822，长15厘米，宽9厘米）

（1）戊子卜贞：帚（妇）㑰又（有）子？二
（2）戊子贞：帚（妇）桑又（有）子？二
（3）戊子贞：帚（妇）壹又（有）子？二

此版属子组卜辞（即非王辞中的一种），占卜的主体是一位与王有密切血缘关系的高级贵族。辞意为：

戊子日，卜问，妇㑰有子吗？

戊子日，贞问，妇桑有子吗？

戊子日，贞问，妇壹有子吗？

字体小而秀润，笔画纤细。子组卜辞最显著的特征是"贞"字作，足下有两短横画。全版卜辞，不论在右甲还是左甲，行款均为下行而左，与武丁时期的宾组、自组卜辞有明显区别（见拓本图30、摹本图30）。

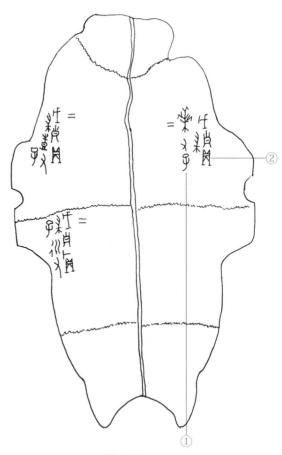

摹本图30

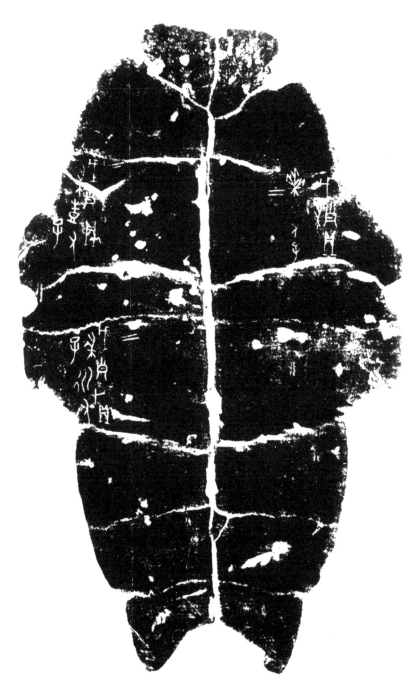

拓本图30

《乙》4603（《合集》22073，残长24厘米，宽18厘米）

（1）乙酉卜：〔钔（禦）〕新于〔父〕戊？

（2）乙酉卜：钔（禦）新于匕（妣）辛，白卢豕？

（3）叀小牢于父戊？

（4）乙酉卜：钔（禦）新于父戊白犄（牡）？

（5）丙戌卜：且（祖）戊？十月。

（6）己丑卜：钔（禦）于庚三十小牢？己丑，余至犄（牡）、羊一？

（7）己丑卜：岁父丁、戊牝（牝）？一二三

此版属午组卜辞（非王卜辞的一种），占卜主体是一位与商王有血缘关系的高级贵族，内容是有关祭祀的。（1）至（4）辞，是乙酉日卜问为攘除新（人名）的灾殃而祭祀父戊、妣辛，还卜问祭祀时是否用白犄（白色的公猪）或小牢（特别圈养的小牛）作为牺牲？第（5）辞是卜问是否祭祀祖戊？第（6）辞卜问祭祀祖庚是否用三十头特别圈养的小牛为祭品？在验辞中记录了当天祭祀只用了犄（公猪）和一头羊。第（7）辞卜问岁祭父丁、父戊是否用牝（母羊）？

绝大多数字用尖锐的斜笔，笔画转折处棱角显著。某些字富有特征，如"于"作�、"牢"作form、"戊"作form等。行款不大规范，字之间距亦疏密不一，较为随意，独具风格（见拓本图31、摹本图31）。

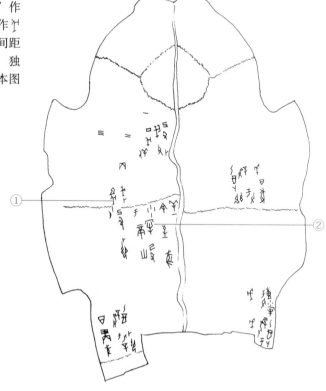

① 𠂆 戊

② form 牢

摹本图31

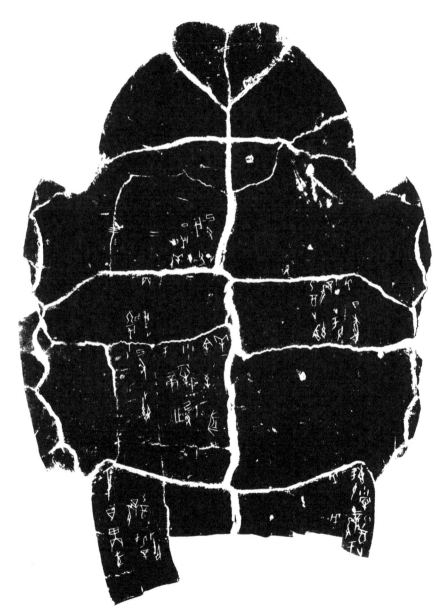

拓本图31

《乙》8818（《合补》6829，长23.5厘米，宽14.3厘米）

（1）庚申卜：今龏（秋）亡姦（拯）之？七月。

（2）庚申卜：又（有）姦（拯）之？七月。二

（3）庚申卜：又（有）姦（拯）今芚（春）？二

（4）庚申卜：今芚（春）亡姦（拯）？七月。二

（5）庚申卜：又（有）姦（拯）今夕？一

（6）庚申卜：今夕亡姦（拯）之？一

（7）辛巳贞：攺弟？二

（8）匕（妣）庚皀，又羊，又彘？

此版属于非王无名组卜辞（非王卜辞中的一种），内容可分为三部分：（1）至（6）辞，于庚申日占卜，卜问今秋、今春、今夕的休咎。第（7）辞，辛巳日贞问，启弟（人名）的情况。第（8）辞，卜问是否用皀酒、羊、野猪来祭祀妣庚？

位于右甲桥下的第（7）辞，属折笔字，笔画稍粗，方折劲峭，行款下行而右。其余7条卜辞行款下行而左，大多属圆笔字，风格圆润而柔软，与子组卜辞的字体、行款相似。两种字体风格共存于一版，可能是两名刻手所为（见拓本图32、摹本图32）。

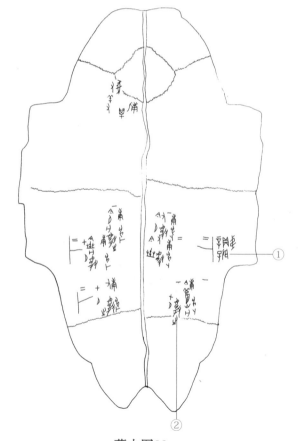

① 攺

② 姦（拯）

摹本图32

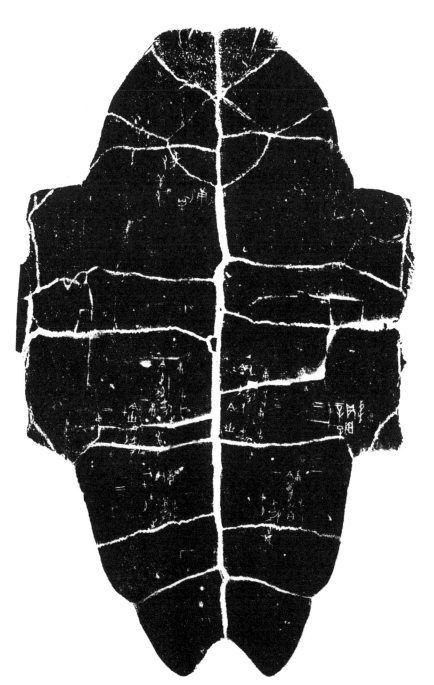

拓本图32

《屯南》9+25（残长27.8厘米，残宽8.8厘米）

（1）癸卯贞：汎（盥）至于☒？二

（2）癸卯贞：射盅以羌，其用隹乙？二

（3）甲辰贞：射盅以羌，其用自上甲，汎（盥）至于［父丁］，隹乙已用，伐［卅（四十）］？

（4）丁未贞：畟以牛，其用自上甲，汎（盥）大示？二

（5）己酉贞：畟以牛，其用自上甲，三牢汎（盥）？二

（6）己酉贞：畟以牛，其用自上甲，汎（盥）大示，隹牛？

（7）己酉贞：畟以牛，［其用］自上甲五牢，汎（盥）大示五牢？

（8）庚戌［贞］：畟［以］牛，囗隹☒？

《屯南》636与此版为同文卜辞，内容是有关祭祀祖先的。（1）至（3）辞是卜问射官盅致送的羌人，祭祀用自先公上甲开始，盥血衅祀至父丁（康丁），此次祭祀是否在次日乙已日施行，砍杀40个羌人。（4）至（8）辞是卜问贵族畟致送牛牲，祭祀用自上甲开始的大示先王，盥血衅祀。

卜辞绝大多数字用笔刚劲有力。位于骨边缘的字体较小，排列密集，多为四短直行。而处在中部的两条卜辞［即第（3）、（7）辞］均是单行，行款自上而下，字体逐渐增大，行距也随着骨面增宽而逐渐变宽，如山间瀑布，飞流直下，气势磅礴（见拓本图33、摹本图33）。

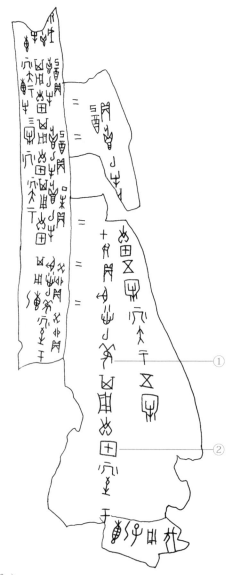

① 羌

② 田（上甲）

摹本图33

· 140 ·

拓本图33

《屯南》601（长21厘米，宽17厘米）

（1）辛未卜：奉于大示？　三

（2）于父丁奉？　三

（3）弜奉，其告于十示又四？　三

（4）壬申卜：奉于大示？　三

（5）于父丁奉？　三

（6）癸酉：奉于大示？

（7）□［奉］令□甶？

（8）［弜］奉，令比甶？

（9）☑令小尹步？

此版属历组卜辞父丁类，为武乙时期。内容是有关祭祀的，"奉""告""步"均为祭名，"奉"为祈求之祭，"告"指告祷之祭，"步"有学者主张是醋祭。大示，学者多认为指直系的先公先王，对父丁、十示又四，学者中有不同的理解，我们认为父丁应为康丁，十示又四指从卜丙至廪辛的十四位旁系先王，应为小示。（7）、（8）辞的"甶"为人名，"比甶"即率领甶之意。第（9）辞的"小尹"为官名。

文字用笔方折尤著，字形端庄工整，笔道流畅。同出之字求诸变化，如两个"甶"字，左侧字小，右侧字大。三个"大"字，分布于骨版左侧，字形有大有小，人的双手伸展不同，双足长短不一，这种处理手法，使工整的文字增添了活力（见拓本图34、摹本图34）。

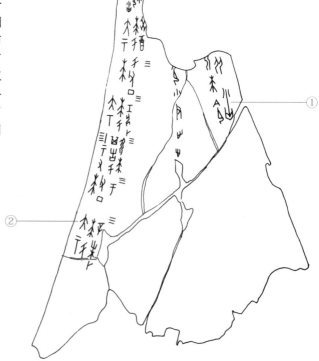

① 甶
② 大

摹本图34

拓本图34

《屯南》723（残长21.5厘米，残宽21.1厘米）

（1）辛酉贞：癸亥又（侑）父［丁］岁五牢？不用。二

（2）辛酉贞：于来丁卯又（侑）父丁，岁？

（3）☑［王］其又（侑）小尹之？

（4）☑［来岁］帝不降永？

（5）☑来岁帝其降永？才（在）且（祖）乙宗，十月卜。

（6）☑才（在）宜（庭）。

6条卜辞，前五条辞意较完整，内容分三部分：（1）、（2）辞，辛酉日贞问，于未来的癸亥或丁卯日侑祭先王父丁（康丁），刲杀五头圈养的牛为献牲吗？第（3）辞贞问王对小尹（官名）进行侑祭吧？（4）、（5）辞，卜问来年天帝（即上帝，殷人心目中的至上神）是否降赐福佑？是十月在先王祖乙的宗庙里占卜的。

文字字体呈长方形，朴拙工整。但个别的字，如第（2）辞的"来"字，顶端的笔画呈弧曲的线条，一反常态（见拓本图35、摹本图35）。

① 帝
② 来

摹本图35

拓本图35

《屯南》726（残长24.8厘米，宽20厘米）

（1）壬寅贞：月又（有）戠（蚀），其又（侑）土（社），寮大牢？丝（兹）用。一

（2）壬寅贞：月又（有）戠（蚀），王不于一人囚（祸）？一

（3）又（有）囚（祸）？一

（4）癸卯贞：甲辰寮于土（社），大牢？一

卜辞的主要内容是：（1）、（4）辞内容相近，卜问发生月食，要对社神进行侑祭，烧燎专门圈养的大牛吗？只是占卜日期不同。（2）、（3）辞内容相近，卜问月食发生对商王本人不会有灾祸吧？这版卜辞反映出，殷人对月蚀等自然现象是不理解的，认为它是不祥之兆，是上天所降之灾祸，所以要对社神进行隆重的祭祀，才得以安宁。

字体工整端庄，挺峭刚劲。第（1）辞位于骨版右侧，其行款顺应骨的边缘，呈从上向下的较平缓的弧线，显示出流动的意绪（见拓本图36、摹本图36）。

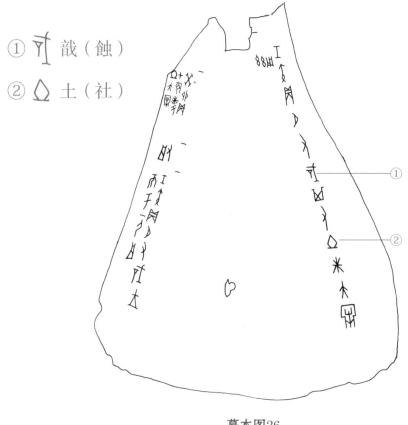

① 𢦏 戠（蚀）

② 土（社）

摹本图36

拓本图36

《屯南》751（残长25厘米，残宽16.5厘米）

（1）壬午卜：芮（商）又伐父乙？三

（2）乙酉卜：又伐自上甲，次示？三

（3）乙酉卜：又伐自上甲，次示，重乙巳？三

（4）乙酉卜：又伐自上甲，次示，重乙未？三

（5）乙酉卜：又伐乙巳？三

（6）甲午卜：又彳伐，乙未？三

（7）乙未卜：令岂（徵）以望人蘷（秋）于禁？三

（8）戊戌卜：又十牢？三

（9）戊戌卜：又十牢伐五，大乙？三

（10）己亥卜：又伐牢五，大乙？三

（11）己亥卜：又十牢？三

（12）己亥卜：又十牢，祖乙？三

（13）己亥卜：先又大乙，廿牢？三

（14）己［亥卜］：先口祖口，十［牢］？三

（15）己亥卜：先又大甲，十牢？三

（16）乙巳卜：重汎（盘）伐？三

此版属历组卜辞父乙类，对其时代学术界有两种看法：我们认为它属于文丁时期，辞中的"父乙"是武乙；有学者认为是武丁时期，"父乙"是指小乙。

卜辞内容是有关祭祀的，祭祀对象有父乙、上甲、大乙、祖乙、大甲及示（神主），祭祀方式有出（侑）、伐、次、彳、汎（盘）等，参与祭祀的人有商、岂（徵），使用的祭牲有十牢、二十牢、人牲五个，还有望地的人牲。

字体的用笔常见圆笔，如"重"字作 𣎴、"以"作 𠁣、"乙"作 𠃉，较多的字方圆相参，如"戌"作 𣥂，酷似带柄的钺，"又"作"𠂇"，"午"作 𠂤，等等，独具特色。同出的文字避复求变，如6个"牢"字，形体或长方或正方或扁方；4个"酉"字，有长腹、有短腹、有平底、有尖底。整篇文字温润清秀，精纤雅致（见拓本图37、摹本图37）。

① 𠁣 以
② 𣥂 戌

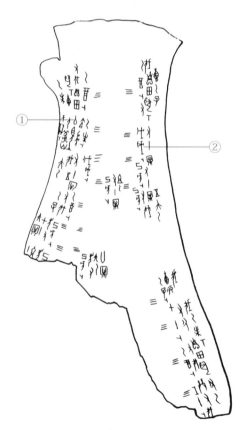

摹本图37

拓本图37

《屯南》817（残长15.6厘米，残宽2.2厘米）

（1）曹五牢，王受[又（祐）]？

（2）曹十牢，王受又（祐）？

（3）重五牢曹，王受又（祐）？

（4）重十牢曹，王受又又（有祐）？

（5）尞二牢？

此版属无名组卜辞，其内容是（1）至（4）辞卜问砍杀五头或十头经特别圈养的牛来祭祀，商王能得到神灵的福佑吧？第（5）辞卜问用柴焚烧二头经特别圈养的牛作祭牲吗？

卜辞用笔以方折尤著，但"曹""受"等少数字的用笔则方圆兼施。整篇文字，既刚劲又秀丽。同出的文字注意变化，如4个"王"字的字体大小和文字的体势均有差异，五段卜辞的行数从下至上为3、2、3、3、1，疏密相间，富节奏感（见拓本图38、摹本图38）。

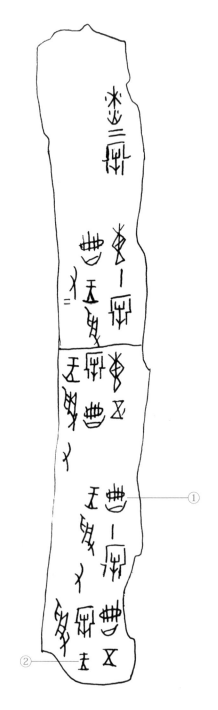

① 曹

② 王

摹本图38

150

拓本图38

《屯南》867（长11厘米，宽3.3厘米）

（1）辛☐?

（2）其告蠹（蝨）于上甲，一牛? 三

（3）壬午卜：其裸蠹（蝨）于上甲，卯牛? 三

此版属历组卜辞父丁类，属武乙时代，第（2）、（3）辞的大意是：对先祖上甲进行告祭、裸祭，剖杀牛作为祭牲，目的是祈求上甲消除蠹（蝗虫）灾。

辞中的"蠹"字，头上有触角，背上有翼，是蝗虫的象形字，字形栩栩如生，极为传神（见拓本图39、摹本图39）。

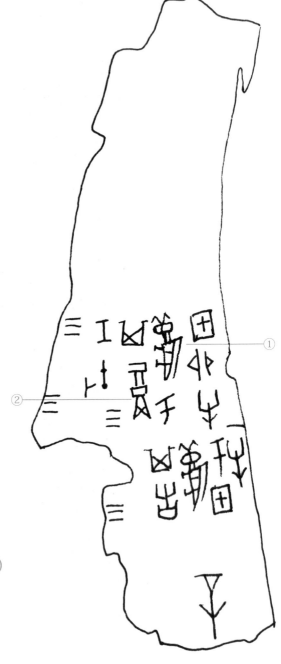

① 蠹（蝨）

② 裸

摹本图39

拓本图39

《屯南》1062（残长25厘米，残宽10厘米）

（1）迺酌于夒？

（2）丙寅贞：又（侑）于[illegible]，尞小宰，卯牛一？兹（兹）用。不雨。二

（3）丙寅贞：尞三小宰，卯牛三？二

（4）丙寅贞：又（侑）彳歲于伊尹，二牢？二

（5）丙寅贞：叀丁卯，酌于[illegible]？二

（6）［丙］寅［贞］：于庚［午］酌口于[illegible]？二

（7）丁卯贞：于庚午酌尞于[illegible]？二

（8）戊辰卜：及今夕雨？二

（9）弗及今夕雨？二

（10）己巳贞：⧄？二

（11）己巳贞：庚午酌尞于[illegible]？二

（12）口申卜：⧄

（13）癸酉卜：又（侑）尞于六云，五豖，卯五羊？二

（14）⧄［雨］？二

此版与《合补》10639同文，该版的序数为三，此版为二，这两版卜骨当是成套卜骨中的第二、三版。

卜辞有两项内容：其一，祭祀，包括（1）至（7）辞和（11）至（13）辞，祭祀对象有先公夒、[illegible]，旧臣伊尹，自然神六云（六色云），祭祀方式有侑、尞（燎）、卯、彳、歲（刿）、酌等，用牲的种类有牛（包括特殊圈养的牛）1—3头、猪5头、羊5头。其二，占卜气象，（8）、（9）、（14）辞，卜问今夕是否下雨。

卜辞字形工整严谨，“夒”字的写法圆折相参，文字的布局也颇具匠心。全版14条卜辞，8条卜辞在骨版右侧。其中第（2）辞紧贴骨边，计6行，行距窄密，难以透气。而其上的4条卜辞，则留出骨边，与之形成虚实之对比。（8）、（9）辞的行款是由左向右的4行，占的空间近似。其第二、三、四行同文，均是“及今夕雨”，“今夕”二字在中间，“及”与“雨”字分列左右侧，为了使之均衡相配，刻辞者特意将两侧的字向下延展。此版文字在结体和布局上蹙展分明、开合有度的运用，令人感到明快的节奏与和谐的信息（见拓本图40、摹本图40）。

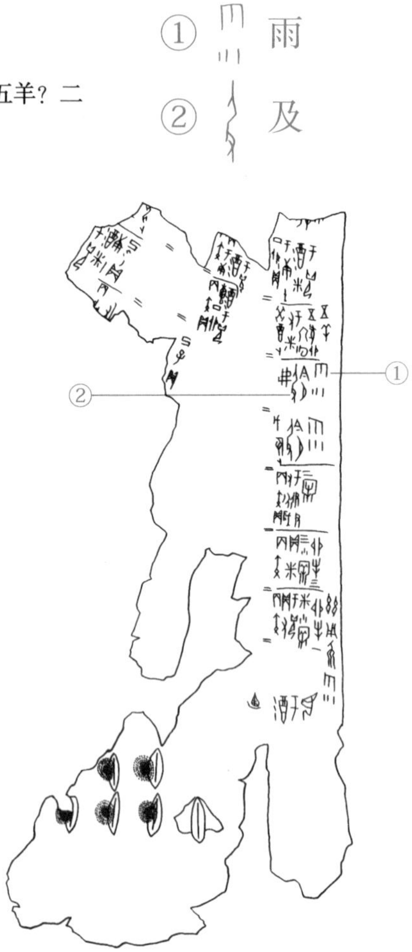

摹本图40

拓本图40

《屯南》1094（残长20厘米，宽19.5厘米）

（1）癸亥卜：其［征（延）］☒？一

（2）弜征（延）？一

（3）癸亥卜：其征（延）羌甲，戠？一

（4）弜征？一

（5）甲子卜：其又（侑）彳岁于毓（后）祖乙，叀牡？

（6）叀牝？兹用。

（7）乙丑卜：王往田，从东罕（擒）？一

（8）从白东罕（擒）？一

此版属无名组卜辞，但有些字的写法已近于历组卜辞字体风格。羌甲即沃甲，后祖乙即小乙。征、戠、又、彳、岁为祭名。卜辞内容分两部分：其一，关于祭祀，（1）至（4）辞，卜问对先王羌甲（沃甲）进行征祭、戠祭，（5）、（6）辞卜问对毓祖乙（小乙）进行又（侑）、彳、岁祭，用公牛还是用母牛？后来用了母牛。其二，关于田猎，（7）、（8）辞卜问商王外出田猎，是否从白地的东边去擒获动物？

文字线条流畅自然，行款为直行。位于骨版中部的（5）、（7）辞，文字较多，排列成从上至下的直线，两辞的行距随着骨版下边渐阔而逐渐变宽。两辞的文字，居上的较小，向下徐徐变大，呈现出潇洒舒展、豪迈和谐之美感（见拓本图41、摹本图41）。

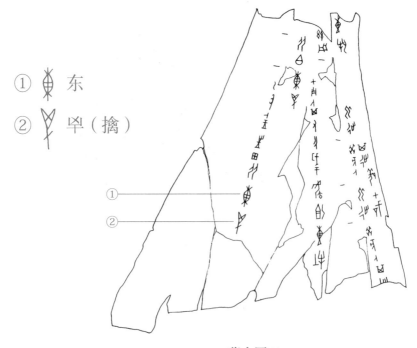

① 东

② 罕（擒）

摹本图41

156

拓本图41

《屯南》1116（长42厘米，宽24.5厘米）

（1）辛巳卜，贞：来辛卯酚河十牛，卯十牢，王夒（亥）寮十牛，卯十牢，上甲寮十牛，卯十牢？一

（2）辛巳卜，贞：王夒（亥）、上甲即宗于河？一

（3）辛巳卜，贞：王宓（宾）河寮？

（4）弜宓（宾）？一

（5）辛巳卜，贞：王宓（宾）河寮？

（6）弜宓（宾）？一

（7）庚寅卜，贞：辛卯又（侑）崴自大乙十示又口牛，［小］［示］汛（盤）羊？一

（8）癸巳卜，贞：又（侑）上甲崴？

（9）弜又（侑）崴？一

（10）甲午卜，贞：其汛（盤）又（侑）崴自上甲？

（11）弜巳（祀）又（侑）？一

（12）甲午卜，贞：又（侑）出入日？

（13）弜又（侑）出入口？一

（14）乙未卜，贞：召来，于大乙征（延）？一

（15）乙未卜，贞：召方来，于父丁征（延）？一

（16）己亥卜，贞：竹来以召方，于大乙束？

卜辞计153字，是小屯南地发掘所获甲骨中字数最多的一片。内容分三部分：其一祭祀祖先，（1）至（11）辞，祭祀对象有先公河、王亥、先王上甲、大乙、父丁（康丁）及大乙十示又口、小示等集合庙主。祭祀方式有酚、宾、侑、岁几种，用牲的方法有寮、卯、盤等。其二对日神祭祀，（12）、（13）辞，卜问侑祭日出与日入（即日落）；其三言方国入侵，（14）至（16）辞，记召方、竹国来侵犯，卜问是否延续举行对大乙、父丁的祭祀。

值得指出的是，此版"王亥"之"亥"字作"夒"，上部从"隹"（鸟形），这是商民族以玄鸟为图腾观念的反映。

卜辞的字体绝大多数挺峭有力，如"乙"作〇，"弜"作〇，"河"作〇，用连续的折线，"牢"作〇、"牛"作〇、"上甲"作田，横、竖画交接呈直角，这些都是最具特征的字体。此版上部的字较小，排列紧密，下部的字较大，字距行距稍宽，构成巨细、疏密之对比。16条卜辞行款多样，参差错落，多姿多彩（见拓本图42、摹本图42）。

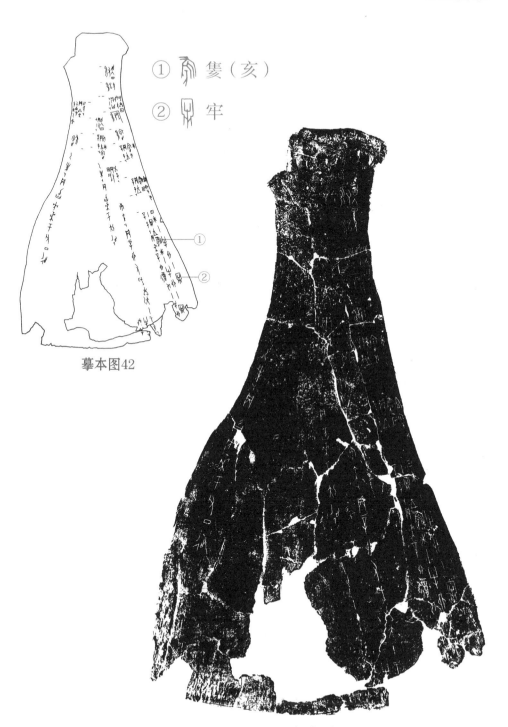

① 豙（亥）

② 牢

摹本图42

拓本图42

《屯南》2105（残长
14.5厘米，残宽2.5厘米）

（1）己亥□？ 一
（2）于岳奉禾？
（3）于高祖亥奉禾？
（4）庚午贞：河蛊
（害）云？
（5）佳岳蛊（害）云？
（6）佳高祖亥〔蛊
（害）〕云？

此版属历组卜辞父丁
类，为武乙时期。第（1）辞
残缺，（2）、（3）辞内容是
向岳神、高祖亥神祈求禾稼
丰收。（4）至（6）辞卜问河
神、岳神、高祖神王亥是合作
祟害于云吧？在殷人的心目
中，河、岳既是自然神也是祖
先神，具有神威，可给人世间
带来福佑，也可带来祸害。

字体较粗壮，棱角分明，
骨力十足。同出文字写法有变
化，如3个"云"字，或长或
短，身躯卷曲程度各不相同。
卜辞的行款多样而且各辞中的
每行字数的配置也有差异。整
篇文字，参差错落，富有生气
（见拓本图43、摹本图43）。

摹本图43

拓本图43

《屯南》2281（残长
13.5厘米，残宽3厘米）

（1）□辰［卜］：翌
日其酻其祝自中宗祖丁、祖
甲☒［于］父辛？

此版属无名组卜辞，
但有些字的写法已近于历组
卜辞的风格，为武乙时期。
酻、祝为祭名。卜辞的大意
是在未来的日子行酻祭与祝
祭（即祝祷之祭），祭自先
王中宗祖丁、祖甲至于父辛
吗？"中宗祖丁"是《屯
南》新见的称谓，较多的学
者认为是指武丁，祖甲是祖
庚弟、武丁子，父辛指廪
辛。也有学者提出，中宗与
祖丁应分读，中宗指祖乙，
祖丁是小乙之父。这条卜
辞，对甲骨文的分期断代
有重要意义，多被学者所
征引。

整版文字纤细秀丽，轻
逸灵动（见拓本图44、摹本
图44）。

① �丰 中
② ⼌ 宗

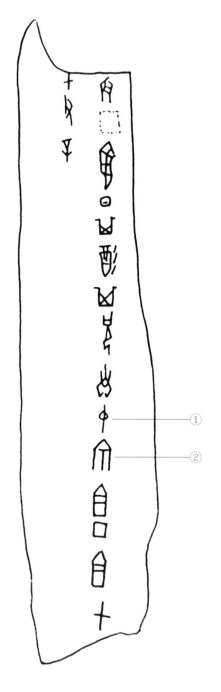

①
②

摹本图44

拓本图44

《屯南》2366（长36厘米，宽20.5厘米）

（1）庚午贞：王其㞢告自祖乙、毓（后）祖乙、父丁？二

（2）于大乙告？二

（3）乞日酚？二

（4）于日祧酚？二

（5）叀乙巳酚？二

（6）叀乙巳酚？二

（7）叀乙卯酚？二

（8）叀乙丑酚？二

（9）叀乙亥酚？二

（10）叀乙酉酚？二

（11）叀乙未酚？二

此版属历组卜辞父丁类，为武乙时期。内容均是关于祭祀的，祭祀对象有大乙、祖乙、后祖乙（即小乙）、父丁（康丁）。祭名或祭法有㞢、告、酚、祧等。（3）至（8）辞反复卜问举行酚祭的日期。

卜辞字大、笔画粗，雄健浑厚，粗犷豪放。同出文字，求诸变化，如9个"酚"字，或大或小，"酉"（形似酒尊）之底部或尖或尖圆，"彡"（酒液），或长或短，位置在"酉"之左侧或右侧。7个"叀"字，在大小、长短、宽窄等方面有所不同。总体观之，此版卜辞反映出契刻者高超娴熟的技巧（见拓本图45、摹本图45）。

① 叀

② 酚

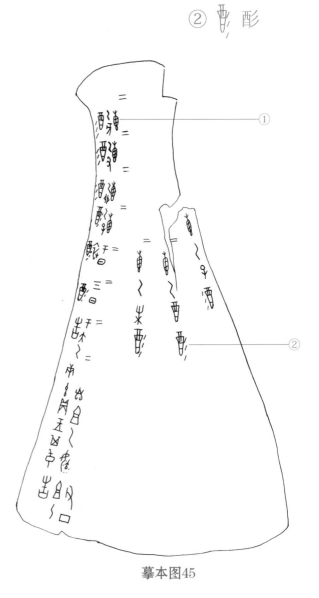

摹本图45

拓本图45

《屯南》2707（长23厘米，宽22.5厘米）

（1）☑自上甲盟（盟），用白犲（牡）九，☑？在大甲宗卜。

（2）□［卯］贞：其大钊（禦）王自上甲盟（盟），用白犲（牡）九，下示汎（釁）牛？在祖乙宗卜。

（3）丙辰贞：其酻大钊（禦）自上甲，其告于父丁？二

（4）□□贞：☑其大钊（禦）王自上甲盟（盟），用白犲（牡）九，下示汎（釁）牛？在大乙宗卜。

（5）☑大钊（禦）自上甲，其告于祖乙？在父丁宗卜。

（6）☑［酻］大钊（禦）自上甲，其告于大乙？在父丁宗卜。

此版属历组卜辞父丁类，为武乙时期。内容是关于祭祀的，（2）、（4）辞的贞辞为同文卜辞，辞意最完整。其意是为商王大行攘除灾殃之祭，自先公上甲开始的先祖举行盟祭（即血祭），用9头白色公猪为祭牲，对下示先王（或说祖乙以下的先王）用釁杀衈血之祭，以牛为牺牲吗？以上6辞，分别在大甲、祖乙、大乙、父丁的宗庙里举行的卜问（见拓本图46、摹本图46）。

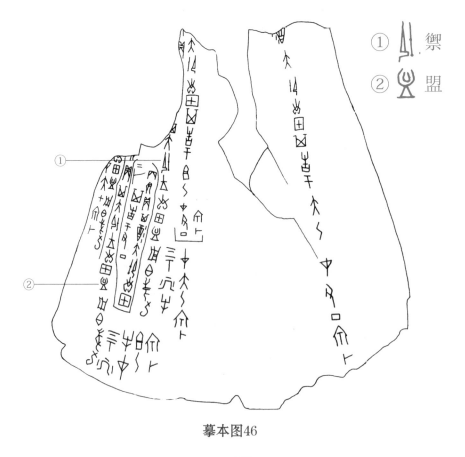

① 禦

② 盟

摹本图46

拓本图46

《屯南》1128（长30厘米，宽18厘米）

（1）己巳贞：其褅且（祖）乙眔（暨）父丁？一

（2）弜眔父丁劀？一

（3）辛丑贞：王其畋（狩），亡才（戈）？一

（4）华（擒）兕？一

（5）不雨？一

（6）其雨？一

从字体风格看，此版属历组卜辞父丁类，为武乙时期。其内容可分三项：（1）、（2）辞，己巳日贞问，向先王祖乙举行褅祭，是否同时对"父丁"（指康丁）进行祭祀？（3）、（4）辞，卜问田猎之事。前者问王外出狩猎，没有灾祸吧？后者卜问擒获兕（即野牛）了吗？（5）、（6）辞，卜问是否会下雨？在田猎卜辞中，卜问天气状况是重要的一项内容。

卜辞中的"褅"字的偏旁"隹"（鸟形），在甲骨文中一般都用弧线勾画鸟的羽毛，此版则用折线。"华"字上方的网具，通常作弧底或平底，此版作尖底，有个别字，全用圆笔，如"兕"字，用弧线画出牠的侧面形状，弯角后伏，蹄足，尾部开叉，生动传神。有少数字用笔圆折相参，如"眔"字，上部"目"形，眼眶为两条平行线，眼角两端向上、下弯曲，但中部的眼珠呈椭圆形，更显神韵（见拓本图47、摹本图47）。

① 兕
② 眔（暨）

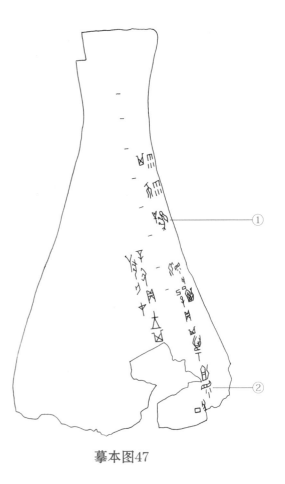

摹本图47

拓片图47

《屯南》2172+《屯南》2178（长39.5厘米，宽18.4厘米）

（1）辛巳卜，贞：王其田，亡戈（灾）？

（2）乙酉卜，贞：王其田，亡戋（灾）？

（3）戊子卜，贞：王其田，亡戈（灾）？

（4）辛卯卜，贞：王其田，亡戋（灾）？

（5）乙未卜，贞：王其田，亡戋（灾）？

（6）戊戌卜，贞：王其田，亡戋（灾）？

（7）辛丑卜，贞：王其田，亡戋（灾）？

（8）壬寅卜，贞：王其田，亡戋（灾）？

（9）戊申卜，贞：王其田，亡戋（灾）？

（10）己未卜，贞：王其田，亡戋（灾）？

（11）辛酉卜，贞：王其田，［亡口（灾）］？

（12）乙丑卜，贞：王其田，亡戋（灾）？

此版属无名组卜辞，约当武乙、文丁时代。全版贞辞的内容相同，均是卜问商王如果去田猎，不会有灾祸吧？

整版文字相同的字多，但注意变化，如"贞""王""其"等字，或大或小，或长方，或正方，或扁方，"亡"字古同"无"，该字或正或反；"灾"字分"戋""戈""戋"3种写法，每种的形态也略有差异。文字工整，刀法轻灵，自然流畅。9条卜辞位于卜骨之外缘，每条卜辞排成方形，章法均齐（见拓本图48、摹本图48）。

① 丫 亡
② 𢦏 戋（灾）

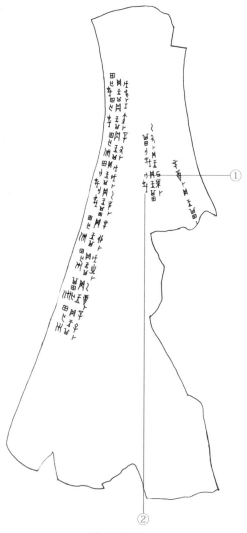

摹本图48

拓片图48

《屯南》190（残长16厘米，残宽9厘米）

（1）丙子卜：今日希（祟）召方，幸（执）？一

（2）弜追召方？

（3）庚辰卜：令王族比畣？一

（4）弗受又？

（5）庚辰卜：不雨？一

（6）其雨？一

此版属历组卜辞父丁类，为武乙时期。内容分两类：（1）至（4）辞关于对召方的征讨，大意是丙子日卜问，今日对召方有军事行动，能擒其首领吗？不追击召方吗？庚辰日卜问，令王族率领武官畣么？不受到神灵的保佑吗？（5）、（6）辞关于天气，庚辰日卜，天是否下雨（见拓本图49、摹本图49）？

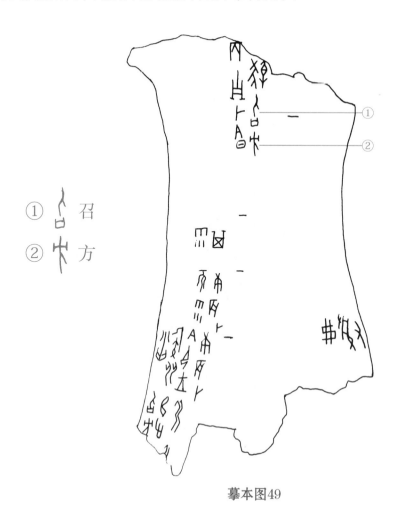

摹本图49

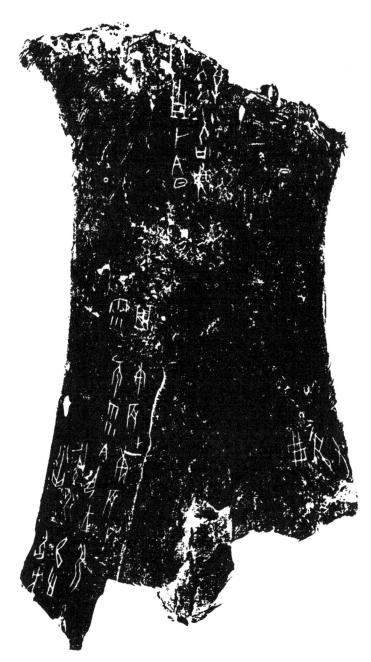

拓片图49

《屯南》2320（长33厘米，宽19.5厘米）

（1）甲辰卜：在爿牧征徹（攼）又☐邑曰☐？在瀐？。引吉。

（2）弜每？吉。

（3）癸酉卜：戍伐又（右）牧匽徹（攼）人方，戍又（有）𢦏？引吉。

（4）☐𢦏？引吉。

（5）中戍又（有）𢦏？

（6）左戍又（有）𢦏？吉。

（7）亡𢦏？

（8）右戍不雉衆？吉。

（9）中戍不雉衆？吉。

（10）左戍不雉衆？吉。

此版属无名组卜辞。辞中的“牧”与“戍”均为官名，“攼”为军队出征时的前军（先头部队）。人方，或称夷方，商王朝东方的国族名。“雉”，在此版卜辞中应作陈列、部署、编理之义。卜辞的内容可分为三项：（1）、（3）辞是因为商王为讨伐人方需派先头部队，故卜问是派在爿牧还是派右牧匽（人名）为前军，并卜问戍官是否会遭到灾伤？（4）至（7）辞，卜问右戍、中戍、左戍是否会遭遇灾伤？（8）、（9）、（10）辞卜问右戍、中戍、左戍是否可以不用再部署人众了吧？

卜辞内容反映出戍是商代军队中的一种编制，可分为左、中、右三部分。戍的职能不仅是戍守，还可以承担作战的任务（见拓本图50、摹本图50）。

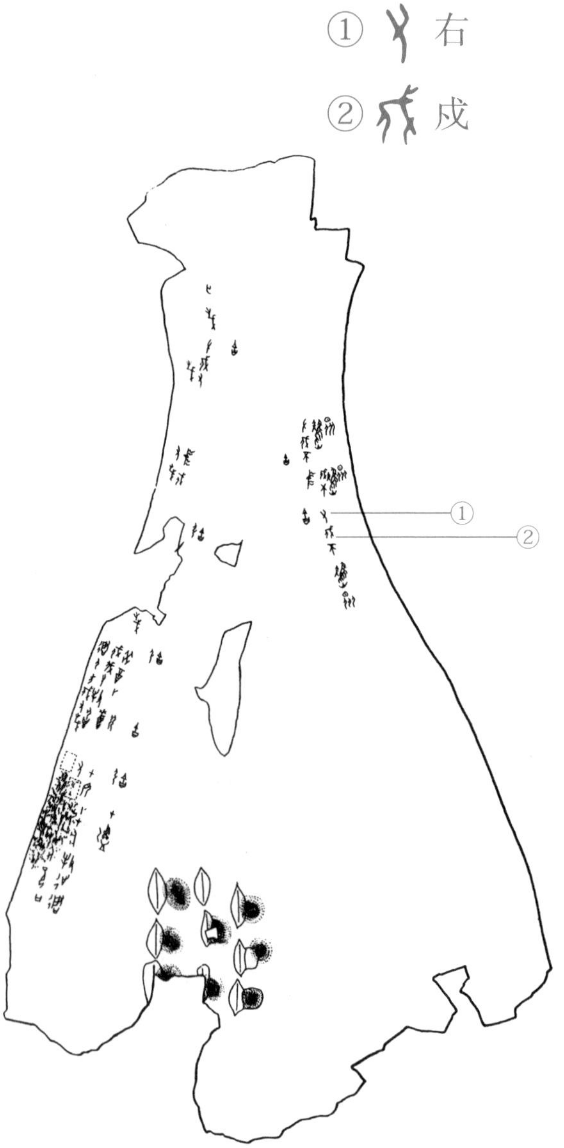

摹本图50

拓片图50

《屯南》42（残长12.6厘米，残宽2.6厘米）

（1）弜田，其雪大雨？

（2）自旦至食日不雨？

（3）食日至中日不雨？

（4）中日至昃不雨？

根据字形特点，此版属无名组卜辞，约当康丁时期。卜辞内容都是关于天是否下雨的。第（1）辞卜问，不去田猎，会遇到大雨吗？（2）至（4）辞是卜问自旦至食日、食日至中日、中日至昃这几个时段，不会下雨吧？（关于一日内之时称，参看《屯南》624）。

4条卜辞均为大小不同的方块形，自下而上呈塔形排列，稳重端庄（见拓本图51、摹本图51）。

① 昃

② 旦

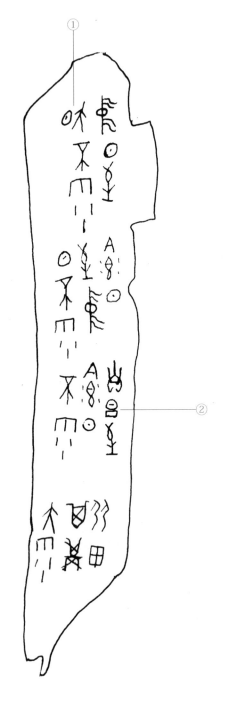

摹本图51

拓片图51

《屯南》624（残长29.3厘米，残宽22厘米）

（1）辛亥卜：翌日壬，旦至食日不〔雨〕？大吉。

（2）壬，旦至食日其雨？吉。

（3）食日至中日不雨？吉。

（4）食日至中日其雨？

（5）中日至郭兮不雨？吉。

（6）中日至〔郭〕兮□？

此版属无名组卜辞，约当康丁时代。内容是关于是否下雨。（1）、（2）辞，（3）、（4）辞，（5）、（6）辞，均是正反对贞，先后卜问旦至食日、食日至中日、中日至郭兮是否下雨？殷人把一昼夜分成十多个时段。此版和《屯南》42的旦、食日、中日、昃、郭兮五个时段，分别指清晨、上午九时左右、中午十二时、下午二时、下午四时左右。

书法飘逸秀丽，结构严谨。同出文字注意变化，如4个"雨"字下面的几个雨点长短、疏密有所差异；7个"日"字，或圆或方、或菱形、或多边形。整篇文字，颇具韵味（见拓本图52、摹本图52）。

① 中
② 食

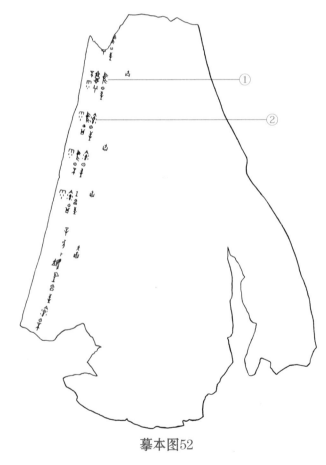

摹本图52

拓片图52

《屯南》715（残长14.5厘米，宽8.3厘米）

（1）重湿田弩徝（延），受年？大吉。

（2）重上田弩徝（延），受年？

"湿田"与"上田"又见于《屯南》3004，均属于无名组卜辞，约当康丁时期。湿田指地势低下、较潮湿的田。上田指地势较高的田。"弩"字有学者认为可能指"耘田"，卜辞的大意为，在湿田、上田里除草，是否持续得到好的收成？

笔画较细，劲健秀丽。2个"弩"字，上部的"旬"，长短及开合程度均有差异。第（2）辞的"年"字，写法较奇特，作𣎴，而通常的年作𣎴，两者的差别在于此版的"年"字，将人的头部描绘成弧线菱形，禾的根部插入人头中，更形象地表现了古人用头顶负载禾稼的习俗（见拓本图53、摹本图53）。

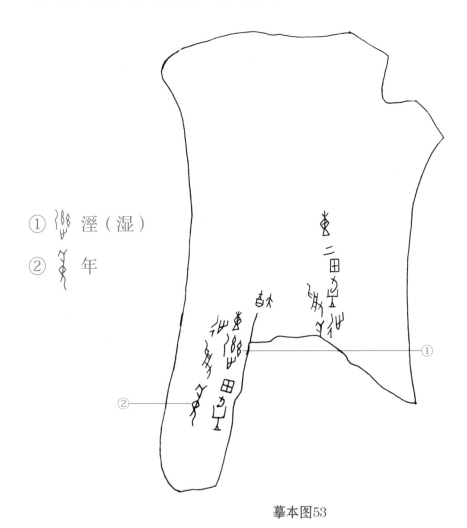

① 湿（湿）

② 年

摹本图53

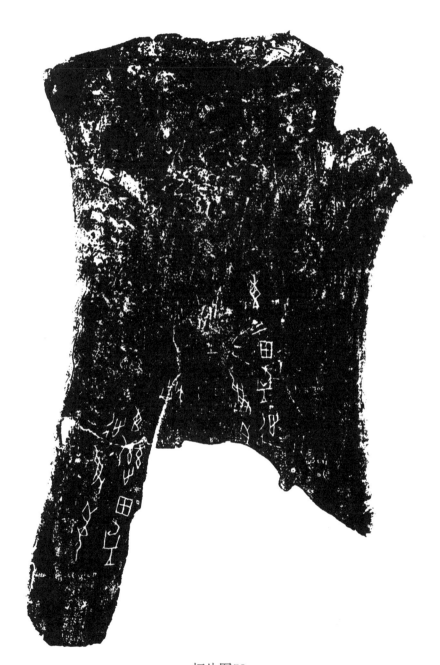

拓片图53

《屯南》662（长27厘米，宽21厘米）

（1）丁酉卜：今日丁万其学？吉。

（2）于来丁迺（乃）学？

（3）于右寏学？吉。

（4）若呐于学？吉。

此版属无名组卜辞。"万"，义为"万"舞，是武舞。"寏"，指庙堂建筑之类。"若呐"为吁嗟而舞的姿态，卜辞的主要内容是卜问于今日（即丁酉日）还是于下一旬的丁日（即丁未日）在右寏学武舞。

文字均排列于骨面的左侧，其他地方均留白，虚实相生，疏朗清新（见拓本图54、摹本图54）。

摹本图54

拓片图54

《屯南》2161（长21.3厘米，宽10厘米）

（1）丙寅［卜］：至戊［辰］雨，不□？戊辰□□。二

（2）丁卯卜：戊辰雨？不雨。二

（3）己巳卜：灻（爇）雨？二

（4）庚午卜：辛未雨？允雨。二

（5）庚午卜：壬申雨？允亦雨。

（6）辛未卜：帝（禘）鳳（風）？不用。雨。

（7）壬申卜：川邑羊？二

（8）壬申卜：川弗邑羊？二

（9）□贞：亡田（祸）？

（10）□允雨。

此版属历组卜辞父乙类，为文丁时期。前八条辞意较完整，内容分两部分：（1）至（6）辞，占卜天是否下雨？从占卜者的意愿看，是希望雨止天晴，用了爇祭、禘祭，但事与愿违，雨并未停止。（7）、（8）辞，卜问川（人名）是否于羊地建邑？此版与《合集》18915+34150为成套卜骨，该版兆序为一，此版为二。

有的字写法可圈可点，如"风"字，一般写作长方形鸟形，鸟处于静止状态。而此版的"风"字，鸟呈扁斜体的动态，一只华冠丰羽的凤鸟在展翅飞翔，生趣盎然。2个"羊"字横书，双角对着骨版的中心（见拓本图55、摹本图55）。

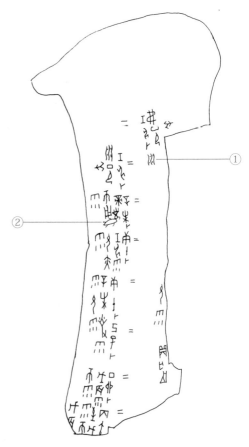

① 川

② 凤（風）

摹本图55

拓片图55

《屯南》2772（长11.7厘米，宽2厘米）

（1）叀豕用？

（2）其罗（宁）鳳（風）雨？

（3）庚辰卜：辛至于壬雨？

（4）辛巳卜：今日罗（宁）鳳（風）？

（5）生月雨？

此版属历组卜辞父丁类。主要内容是卜问"宁风""宁风雨"，因为风雨为害，故欲其止息，为此还要用豕牲祭祀神灵。过去所见的"宁风""宁雨"之辞，皆分别卜问，而此片一并卜之，这是前所未见的。

同出文字，写法有异，2个"罗"字，下方的字舒展，以致皿内的液点外溢，上方的字紧蹙。2个"风"字，下方的羽毛丰满，风冠与头断开，但笔断意连（见拓本图56、摹本图56）。

①  鳳（風）

② 罗［宁（宁）］

摹本图56

拓片图56

《屯南》484（残长12.3厘米，残宽2.4厘米）

（1）癸丑贞：旬亡田（祸）？

（2）癸亥贞：旬亡田（祸）？

（3）癸酉贞：旬亡田（祸）？

（4）癸未贞：旬亡田（祸）？

（5）癸巳贞：旬亡田（祸）？

此版属历组卜辞，为武乙、文丁时期。内容是贞问未来的一旬没有灾祸吧？这种卜旬辞在殷墟卜辞中是极其常见的。5条卜辞，除地支字外，其余5个字均出现了5次，如果这些同出的字刻得完全相同，会令人感到枯燥无味。但此版的刻手很注意避复。如"贞"字上方的鼎耳，或尖，或方，或呈梯形；"旬"字的长画向下弯折的角度有直角、锐角或钝角。该字有正有反，展蹙随意；田（祸）字的写法也各不相同。整篇文字，妙趣横生（见拓本图57、摹本图57）。

① 癸

② 未

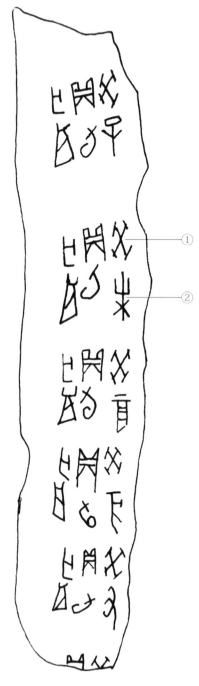

摹本图57

拓片图57

《屯南》2525（长13.5厘米，宽8厘米）

（1）癸亥卜：又（有）至凶（祸）？一

（2）口〔亥〕卜：又（有）祟（祟），亡凶（祸）？

（3）口口卜：乙丑☒？

（4）辛口口：今日雨？

（5）辛巳卜：壬雨？一

（6）辛巳卜：癸雨？一

（7）癸未卜：又（有）凶（祸）百工？

（8）丁亥卜：雨，戊？

此版属历组卜辞父乙类，为文丁时期。辞意较完整的有7条，内容可分三项：（1）、（2）辞卜问有无灾祸来临？（4）、（5）、（6）、（8）辞卜问下雨的日期。第（7）辞，卜问百工有灾祸吗？"百工"在学术界有不同的看法，我们认为指众多的手工工匠，也有学者认为指官吏。甲骨卜辞中有关"工"的记载有20多条，但关于"百工"的仅此1条，所以此辞对研究殷代的手工业者至关重要（见拓本图58、摹本图58）。

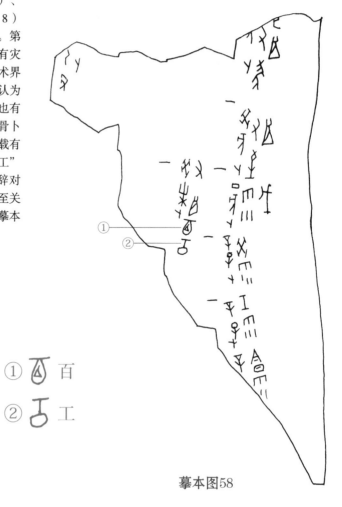

① 百

② 工

摹本图58

拓片图58

《屯南》4429（卜甲，残长5厘米，残宽1.9厘米）

（1）丙申卜，王：方戈冞？一

此版上、下、右三边被锯截，边缘整齐。右下方还有2个残字，未识。属师组卜辞大字类，为武丁时期。

辞中的方字，下方左侧缺一斜画。戈字，应作戈，缺一戈头，义为击败翦灭。冞，为部族名或地名。辞意为：丙申日占卜，商王贞问，方国翦灭冞部族吗？

辞中"申""冞"二字曲线流转，回环自然。"王"字，下部填实，似有阑的铜钺，十分象形。全版文字虽不多，但点画传神，韵味十足（见拓本图59、摹本图59）。

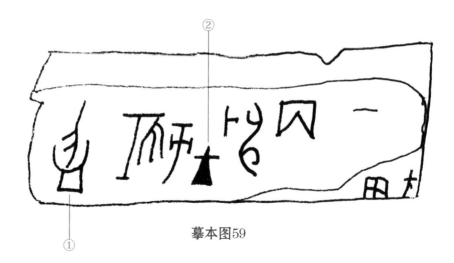

摹本图59

① 冞

② 王

拓片图59

《花东》32（长28.1厘米，宽20.7厘米）

（1）庚卜，在蘺：崴妣庚三羘（牡）又鬯二，至卸（禦）曹百牛又五？一
（2）庚卜，在蘺：叀五羘（牡）又鬯二用，至卸（禦）妣庚？一二三
（3）庚卜，在蘺：叀七羘（牡）□□［卸（禦）］妣庚？一二三
（4）庚卜，在蘺：叀五羘（牡）用，至卸（禦）妣庚？一二

此版内容是卜问祭祀妣庚所用祭品的数量与种类。蘺，地名。崴、御为祭名。羘，指公羊，曹，为用牲法，意为砍杀。鬯为祭祀所用的香酒。值得注意的是，在第（1）辞中，卜问祭祀妣庚的祭品有3头公羊、2壶鬯酒、105头牛。用牛数量上百头，数量相当可观，虽少于王卜辞中的宾组与历组，但远在其他非王卜辞（子组、午组、非王无名组）之上。

字体笔画纤细，但细而不弱，有一定力度，文字结体平正和谐。行款多样，有横直线、曲尺形和反置的"匚"字形几种，其中反置的"匚"字形此前发现极少，而在H3卜辞中较常见（见拓本图60、摹本图60）。

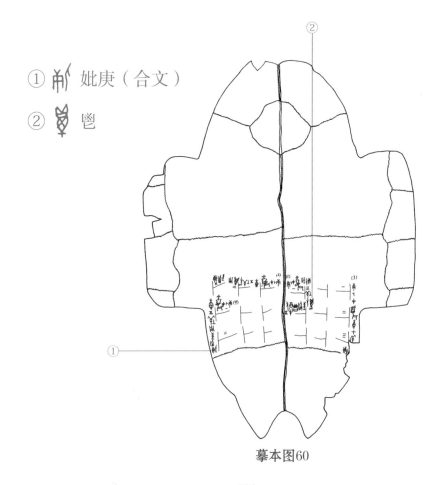

① 𪊨 妣庚（合文）

② 𥘅 鬯

摹本图60

拓片图60

《花东》63（长22.6厘米，宽18厘米）

（1）自宁三。

（2）辛亥卜：子其以妇好入于狀，子呼多钔（禦）正见于妇好，肇紒十，往璺？一

（3）辛亥卜：弹肇妇好紒三，徵肇妇好紒二？用。往璺。一

（4）辛亥卜：叀弹见于妇好？不用。一

（5）癸丑卜：崴食牝于祖甲？用。

（6）乙卯卜：叀白豕祖甲？不用。一二

（7）乙卯：崴祖乙狀一，叔曾一？一二

第（1）辞为甲桥记事刻辞。记此片卜甲来自宁地。

肇，动词，在此片作奉献之义。紒为纺织品。弹、徵，人名。多御正为官名。见，义为献。往、岁、叔为祭名。狀，地名。

（2）至（4）辞的主要内容是，子与妇好往狀地，子令其下属多御正、弹、徵向妇好献纳紒。妇好用此对先公璺进行祭祀。（5）至（7）辞是卜问岁祭祖甲、祖乙用什么祭品？

同出文字注意变化，如5个"好"字，"女"与"子"两个偏旁的配合或左或右或高或低或正或斜，呈不同的姿态（见拓本图61、摹本图61）。

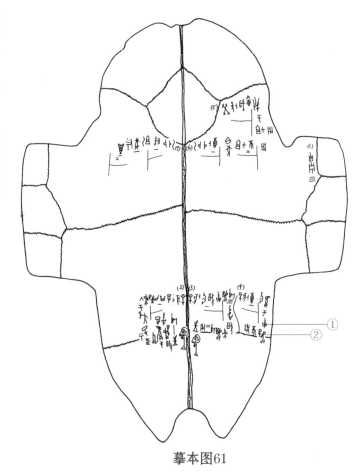

① 妇
② 好

摹本图61

拓片图61

《花东》67（长24.2厘米，宽18.1厘米）

（1）乙亥夕：岁祖乙黑牝一，子祝？ 一二

（2）乙亥夕：岁祖乙黑牝一，子祝？ 三四

（3）己丑：岁妣己彘一？ 一二三

（4）一二三

此版内容是有关祭祀的。（1）、（2）辞辞意为乙亥日夜晚卜问，岁祭祖乙用黑色的母牛一头，由子进行祝祷吗？第（3）辞，己丑日卜问，岁祭妣己用一头野猪吗？

辞中的"祝"字，似人跪于"示"（神主）前祝祷，刻辞者将人的小腿拉长，使之贴近臀部，又将人的足尖向下延伸，令坐姿非常稳定，表现出祝祷者对神灵虔诚的体态。右甲的2个"祝"字与"子"字均一正一反，有所变化（见拓本图62、摹本图62）。

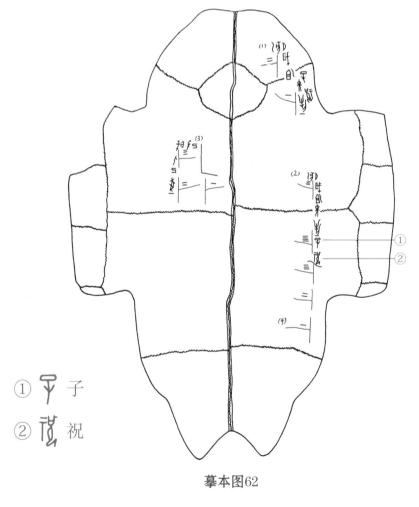

摹本图62

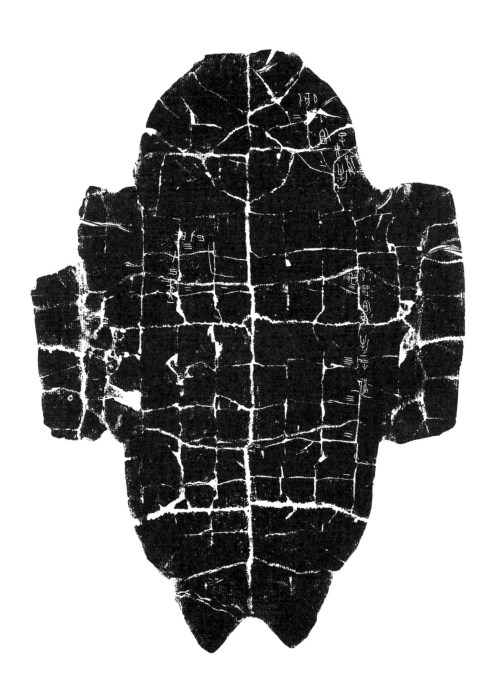

拓片图62

《花东》95（长28.2厘米，宽20.1厘米）

（1）壬申卜，在澅：其钔（禦）于妣庚，晋十宰，［又］十卣？用。在蠡。

该卜辞辞意为：壬申日在澅地卜问，对妣庚进行御祭，砍杀十头经专门圈养的羊又用十壶卣酒吧？后来在蠡地才按占卜的内容进行祭祀。

此版有个别的字写法较奇特，如"申"字，作 形，折线与弧线相配，与通常该字或全为弧线或全用折线有异。卜辞的行款似反C字形（见拓本图63、摹本图63）。

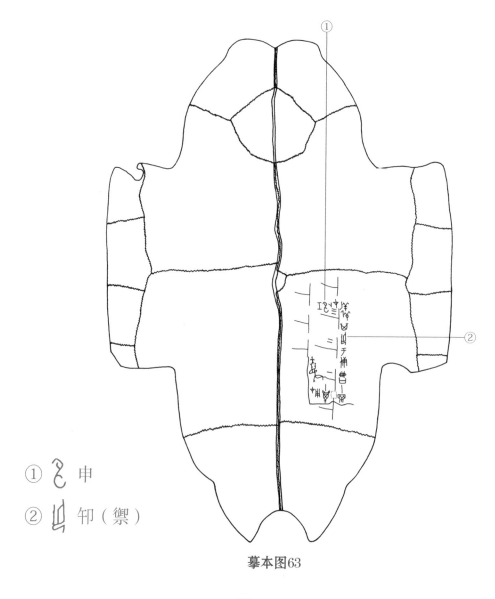

① 申
② 钔（禦）

摹本图63

拓片图63

《花东》228（长29.9厘米，宽22.1厘米）

（1）辛巳卜：吉牛于宜？一

（2）甲申：叀大歲又（侑）于祖甲？不用。一二

（3）甲申卜：叀小歲𢼸于祖甲？用。一羊。一二

（4）甲申卜：歲祖甲𢀛一？用。一

（5）乙酉：歲祖乙𢀛一？一

（6）乙酉：歲祖乙𢀛一？三四

（7）丁亥卜：戠（待），弜酌羊，又鬯癸子？用。一

（8）丁亥卜：吉牛隶于宜？一

（9）丁亥卜：吉牛䏘（皆）于宜？一

（10）吉牛于宜？一

（11）吉牛其于宜，子弗英（艱）？一

（12）丁亥卜：吉牛于宜？一

（13）吉牛于宜？一

（14）丁亥卜：吉牛于宜？二

（15）戊子卜：吉牛于示，又（有）刿，来又冊？一

（16）戊子卜：吉牛其于示，亡其刿于宜，若？一

（17）戊子卜：吉牛于示？一

（18）吉牛亦示？一

（19）戊子卜：又（有）吉牛，弜障于宜？一

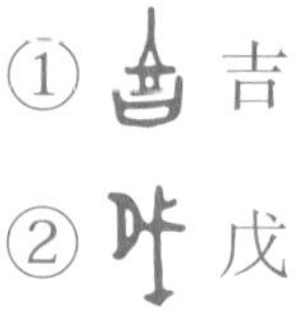

此版内容是关于祭祀的，祭祀对象有祖甲、祖乙、子癸。“大岁”“小岁”指规模大与规模小的岁祭。“宜”与“示”，为祭祀场所，可能指宗庙。“隶”，为祭名。“吉牛”，即佶牛，指健壮的牛。该卜辞主要卜问的是用什么祭牲来祭祀祖先，其中有13条卜辞都提到“吉牛”，反映出占卜者希望用健壮的牛来供奉祖先，以祈求得到先祖的保佑。

有的字的形体富有特点，如“戊”字作，与中上部横画相接的为“月”形，而通常的“戊”字，该处作弧线；“吉”字作，上部的三角形两腰内敛，顶端突起，下部的“口”形扁窄，而该字一般的写法是上方的三角形与下方的口形均端正规整。位于左甲桥下的第（19）辞，属于“匸”字形排列，连接上下两个横列的是一个“弜”字，该字形体倾斜，如两条丝带在飘拂，让其上下方正平稳的文字增添了几分活力（见拓本图64、摹本图64）。

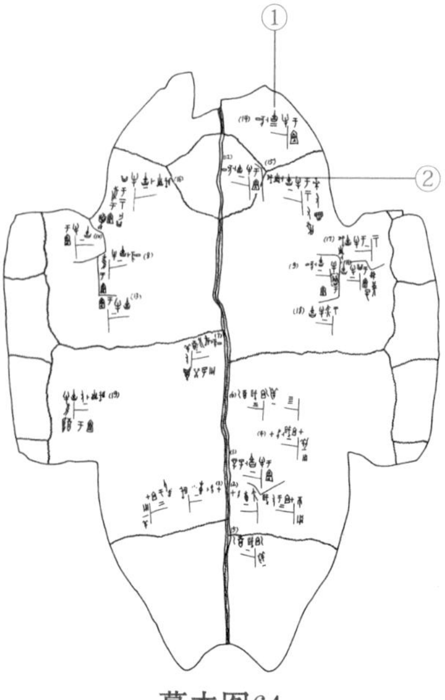

摹本图64

拓片图64

《花东》278（长27厘米，宽19.8厘米）

（1）二牛？一

（2）散（待），弜又（侑）妣庚？一二

（3）三牛？一

（4）叀小宰、白豕？一二

（5）二牢、白豕？一二

（6）五豕？一

（7）叀二黑牛？一

（8）二黑牛？一二

（9）白一豕，又鬯？一

（10）夕：白豕、牡酚二牢？一

（11）叀二勿牢□白豕妣庚？一

（12）三羊？一二三

（13）先改白犹？，宜黑二牛？一

（14）叀一白豕，又鬯？一

此版内容是有关祭祀的，祭祀对象只见妣庚一位，祭名为又（侑）、酚，用牲法改（肢解）、宜（解杀）二种，使用的祭牲有牛、黑牛、牢、勿（杂色）牢、羊、牡、小宰、豕、白豕、犹、白犹等，还用鬯酒。可以看出，殷人对祭祀祖先神灵是很重视的，祭祀之前不但要选择祭牲的种类、数量，还要选择祭牲的颜色，此版有6条卜辞提到"白豕""白犹"，可能是殷人崇尚白色的一种反映（见拓本图65、摹本图65）。

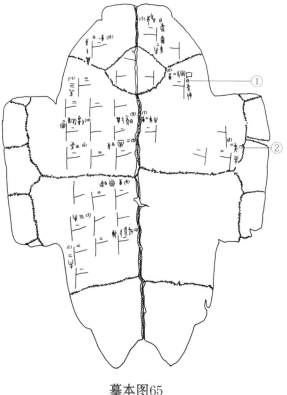

① 白

② 黑

摹本图65

拓片图65

《花东》291（长21厘米，宽15.5厘米）

（1）庚辰：岁妣庚小宰，子祝？在麗。一
（2）甲申：岁祖甲小宰，祋鬯一，子祝？在麗。一二
（3）乙酉：岁祖乙小宰、犱、祋鬯一？一二
（4）乙酉：岁祖乙小宰、犱、祋鬯一，屰祝？在麗。三四五

内容是关于祭祀的。麗，为地名。子、屰，为人名。卜辞的大意是，在麗地对妣庚、祖甲、祖乙进行岁祭，卜问是否用小宰、犱和鬯酒作为祭品？

辞中"麗"字，下部的"鹿"，有挺拔的开叉的鹿角与圆形的眼珠，宛若有神（见拓本图66、摹本图66）。

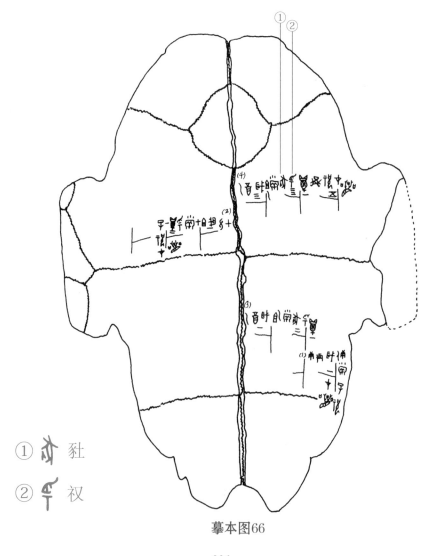

① 犱

② 祋

摹本图66

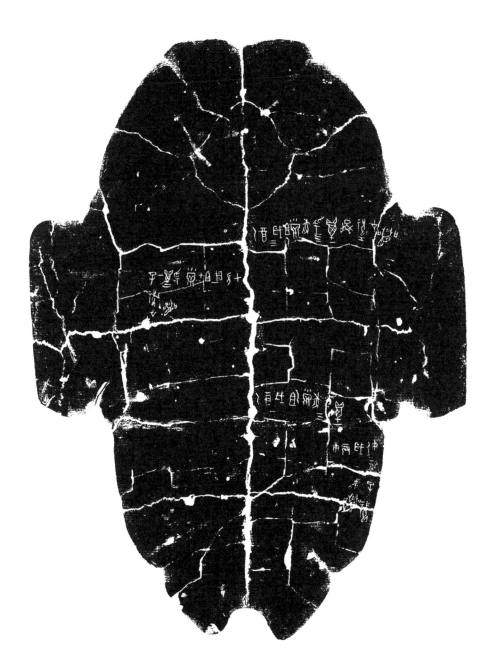

拓片图66

《花东》314（长25.1厘米，宽19厘米）

（1）甲戌卜：暮改祖乙岁？用。一

（2）乙亥卜：叀贮（或释贾）见眔匕？用。一

（3）贮炅？一

（4）丙子：岁妣庚牡，告梦？用。一

（5）丙子卜：子梦裸告妣庚？用。一

（6）子从改牡，又鬯妣庚梦？用。

（7）己卯：岁妣己犰一？一

（8）己卯：岁妣己犰一？一二三

岁、裸、告为祭名，改为用牲法。贮、炅为人名。主要的内容是因子做了梦（殷人以为梦是不祥之兆）而祭祀妣庚、妣己，并卜问祭祀时所用的祭品。

此版的"犰"字，作♂形，是新见的独体字，比过去所见的♂形更显奇特（见拓本图67、摹本图67）。

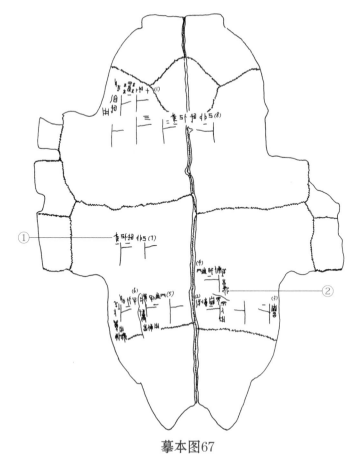

摹本图67

拓片图67

《花东》318（长18.6厘米，宽11.5厘米）

（1）卯。

（2）甲子卜：二鬯裸祖甲［示］，岁鬯三？ 一

（3）甲子卜：二鬯裸祖甲？ 用。一

（4）甲子卜：裸咸鬯祖甲？ 用。一

（5）甲子卜：二鬯裸祖甲？ 用。二

（6）戊辰卜：丁往田？ 用。一

　　第（1）辞"卯"字，位于左甲桥，我认为这是贡龟者的名字。除此片外，在《花东》23、60、146、396等4片卜甲的左甲桥上亦发现"卯"字，这几片卜甲的长度在18.5厘米至22.5厘米之间，且甲桥较窄，在甲两侧外缘有对应的小缺口。这5片有"卯"字的甲桥记事刻辞应是卯这个人一次向花东H3的"子"入贡5只龟的记录。

（2）至（5）辞内容是卜问使用鬯酒祭祀先王祖甲。裸、岁为祭名。第（6）辞卜问丁（武丁）是否外出田猎？

　　卜辞的行款多变，如（3）、（4）、（5）辞内容都是祭祀祖甲的，字数均为9个字，但行款不同，前者为"匚"字形，文字疏密得当，次者为曲尺形，字距较稀疏，后者近长方形，文字紧凑，相映成趣（见拓本图68、摹本图68）。

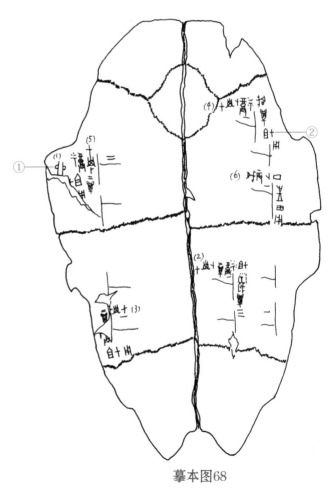

① 屮 卯

② 𠂤十 祖甲

摹本图68

拓片图68

《花东》421（长21.6厘米，宽15.1厘米）

（1）壬辰夕卜：其宜羊一于狀，若？用。一

（2）壬辰夕卜：其宜羊一于狀，若？用。二三

左右甲桥上各有一圆孔，当是作为穿系卜甲之用。内容是壬辰日晚上卜问，在狀（地名）行宜祭，用一头母羊为祭牲，顺利否？最后按照卜问的内容行事。

两条卜辞为同文卜辞，均12字，只是兆数不同，但行款有差异。第（1）辞左行而下复列竖行，文字较密集，第（2）辞单列左行而下，字距较大，两辞疏密相生，平和优雅（见拓本图69、摹本图69）。

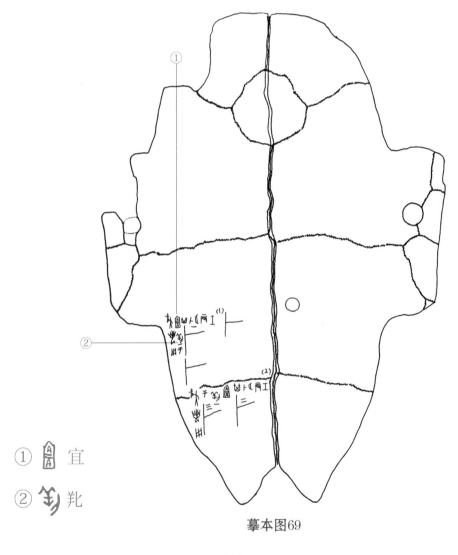

① ⊡⊡ 宜

② ⊱ 羊

摹本图69

拓片图69

《花东》426（长21.5厘米，宽23.9厘米）

（1）癸巳卜：翌甲岁祖甲牡一，权豳一，于日出？用。一

（2）甲午：岁祖甲牡一，权豳一？一

（3）甲午卜：岁祖乙牝一，于日出改？用。一二

（4）甲午卜：岁祖乙牝一，于日出改？用。三

（5）乙未：岁祖乙牝一，权豳一？一二

此版主要内容是：卜问是否在甲午日、乙未日用一牡或一牝进行岁祭，同时又用权豳的仪式来祭祀先王祖甲、祖乙，并以日出为改牲（割裂祭牲肢体）的时间。由此看出，日出之时，是殷人进行祭祀的一个重要时刻。

卜甲下部的2个"牝"字，"牛"的双角呈弯弧形先敛后展，"匕"的外画作从上向下逐渐内弯的弧线，与前甲上方的2个"牡"字所呈现的阳刚之美形成强烈对比（见拓本图70、摹本图70）。

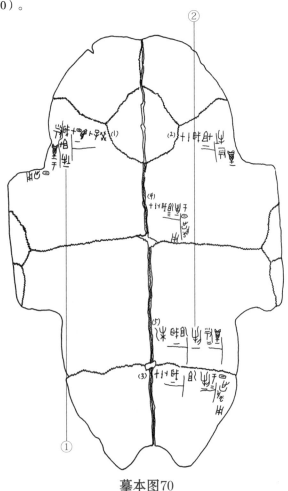

摹本图70

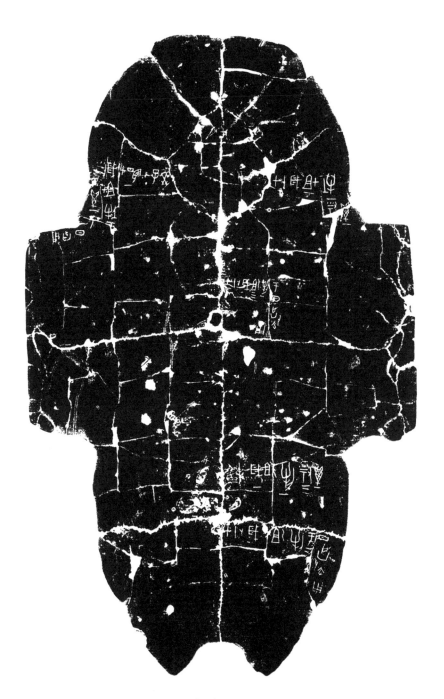

拓片图70

《花东》451（长27.9厘米，宽20.4厘米）

（1）己巳卜：翌庚岁妣庚黑牡又羊，暮改？用。一二三四五

（2）庚午：岁妣庚黑牡又羊，子祝？一二三四五六

（3）戊寅卜：自𤣥带其见（献）于妇好？用。二

（4）庚辰：岁妣庚狚一？一二

（5）一二三

（6）壬午夕：岁犬一妣庚？一二三

（7）壬午夕：岁犬一妣庚？四

（8）丙戌卜：子其往于𤰜，若？用。子不宿，雨。一

此版内容分三项：一是卜问岁祭妣庚所用的祭牲（黑牡、羊、犬、狚）和数量，以及祭祀的时间等。二是卜问是否将来自𤣥地的带（纺织品）贡献给妇好？三是卜问子前往𤰜地，顺利否？结果是子去了𤰜地，但天下雨，没有在该地住宿。

辞中的"宿"字作⿸宀⿰亻茵形，表示人睡在簟席之上，义为止宿。席子的纹饰为"人"字形，在殷墟发掘中常见席子的残迹，席文多呈"人"字形，与甲骨义的形体相吻合。"暮"字，作⿱⿲木隹木⿲木日木形，与通常"暮"字中的"隹"（鸟形）置于日下，在四木或四草之中有所不同。此"隹"字，鸟的毛翼将左下方的"木"遮盖起来，表示回林之鸟已经安静地栖息于树上，会暮之意更为明显（见拓本图71、摹本图71）。

① ⿸宀⿰亻茵 宿

② ⿱⿲木隹木⿲木日木 暮

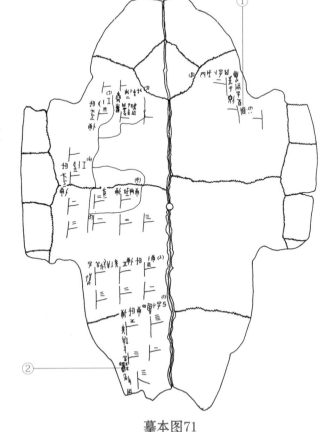

摹本图71

拓片图71

《花东》14（长19.2厘米，宽12厘米）

（1）乙酉卜：子又之阱南小丘，其罿，隻（獲）？一二三四五

（2）乙酉卜：弗其隻（獲）？一二三四五

（3）乙酉卜：子于翌日丙求阱南丘豕，莘（遘）？一二三四

（4）以人莘（遘）豕？一二

（5）乙酉卜：既弜，往敓，莘（遘）豕？一二

（6）弜敓？一二

（7）莘（遘）阱鹿？子占曰：其莘（遘）。一二

此版主要内容是卜问花东H3卜辞的主人子外出打猎，是否遇到野兽，并将其猎获？阱，为地名，在阱水附近，是商王常去田猎的地点。罿，动词，指以网捕捉野豕。敓，动词，在此片表示执杖搏豕。弜，祭名，有学者认为，表示用篝祭祀之意。

此版有关动物的字很形象，如"鹿"字，头戴一对分叉的长角，瞪着大眼，身体前倾，前肢外伸，后肢上提，刻辞者将一只在奔跑的鹿刻画得轻逸灵动。"罿"字，像双手张网，网获野猪之状，比过去此字的同类形更具风采。

1996年9月，在北京召开的第十三届国际档案大会时，发行了一套中国古代档案邮票共4枚，第一枚就是选用此版甲骨，使甲骨文走进社会大众的审美生活之中，激起更多的思考和故事的关联（见拓本图72、摹本图72）。

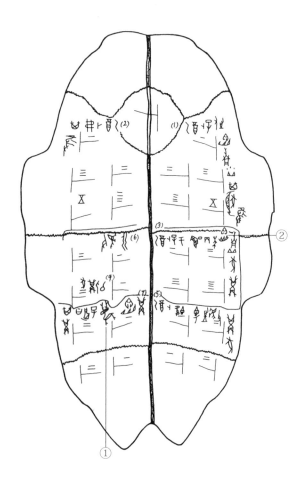

① 鹿

② 阱

摹本图72

拓片图72

《花东》36（龟背甲，残长11.4厘米，残宽15.4厘米）

（1）丁卜，在杲：其东狩？一

（2）丁卜，其二？一

（3）不其狩，入商？在杲。一

（4）丁卜：其涉河，狩？一二

（5）丁卜：不狩？一二

（6）其涿河狩，至于粪？一

（7）不其狩？一

此版内容是有关狩猎的，杲、粪为地名。第（6）辞之"涿"字，用为动词，义与涉相近。

卜辞之间有界划相隔。此片之"涉"字，"止（趾）"横置于水的两旁，与通常涉字"止"的位置呈竖向有别，涉水之意更为明显。几个"狩"字，或正或反，或大或小（见拓本图73、摹本图73）。

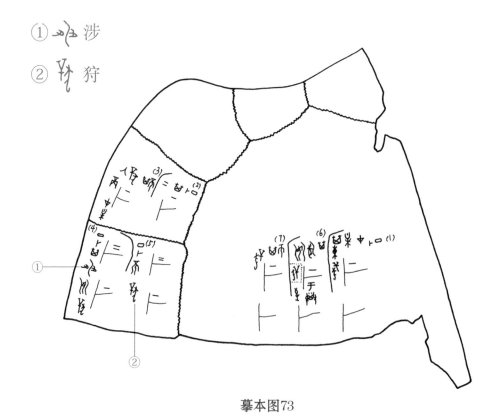

① 涉

② 狩

摹本图73

拓片图73

《花东》50（龟背甲之右半部，长24.6厘米，宽10.6厘米）

（1）丁亥卜：子立于右？一二

（2）丁亥卜：子立于左？一二

（3）乙未卜：子其田，从址，求豕，莩（遘）？用。不豕。一二三

（4）乙未卜：子其［往］田，叀豕求，莩（遘）？子占曰：其莩（遘）。不用。一

（5）乙未卜：子其往田，若？用。一

（6）乙未卜：子其往田，叀［鹿］求，莩（遘）？用。一

此版属田猎卜辞。（1）、（2）辞之"立"字，释为"位"，即田猎时的布阵。第（3）辞之"不豕"，即不遘豕之意。卜辞之大意是：卜问子外出田猎布阵于左方还是右方，能否遇上野猪、鹿？

卜辞的布局独具匠心，位于背甲中下部（即肋板）的卜辞向右横行或先横行再下行，字间距较稀疏；位于背甲左上部（即颈板）及右侧边缘（即缘板）的卜辞的行款大体上呈反"匚"字形，字距较密，两者形成疏与密的对比。这种布局是由于背甲中下部肋板近扁长方形，卜辞横排伸展的空间较大，而背甲的颈板及缘板相对较宽短，卜辞只能弯折排列（见拓本图74、摹本图74）。

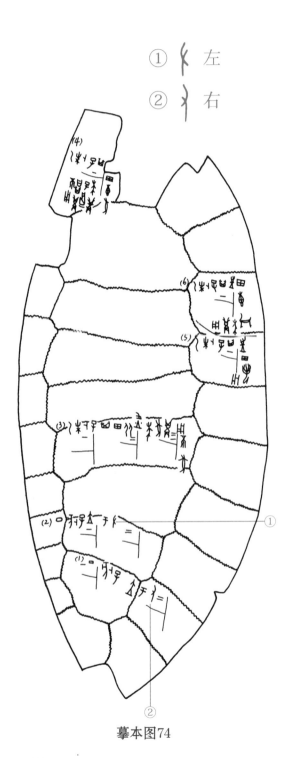

① 左
② 右

摹本图74

拓片图74

《花东》108（长23.2厘米，宽14.8厘米）

（1）辛丑卜：子妹其隻（獲）狼？卩（節）？一

（2）辛丑卜：叀今逐狼？一二

（3）辛丑卜：于翌逐狼？一二

（4）辛丑卜：其逐狼，隻（獲）？一

（5）辛丑卜：其逐狼，弗其隻（獲）？一

（6）辛丑卜：翌壬，子其以口周于狀？子曰：不其口，〔卩（節）〕。一

（1）至（5）辞内容是卜问子外出田猎，能否获狼？第（6）辞辞意谓：子是否于壬日与某人往狀（地名）？第（1）辞的"妹"为否定辞。卩，释为"节"，意为适合。此版的狼字作 🐾 或 🐾，为新见字，犭为形符，尾长而下垂，与犬字上翘的尾部有别。〇、〇为声符，形似口袋，一端或两端以绳索捆扎，，为囊的原始字。囊、良二字为叠韵，可以通假。

字体笔画稍粗，在花东H3卜辞中是不多见的。用笔以方折为主，但"丑""狼""获""逐""卩"等为圆笔字，它们穿插于各条卜辞的折笔字之中，刚柔相济，韵味无穷。此版卜辞的5个"狼"字，线条简练，刻手将狼的体态刻画得劲健有力。该字较同版的其他字要粗大，可能是子对逐狼一事尤为重视吧（见拓本图75、摹本图75）。

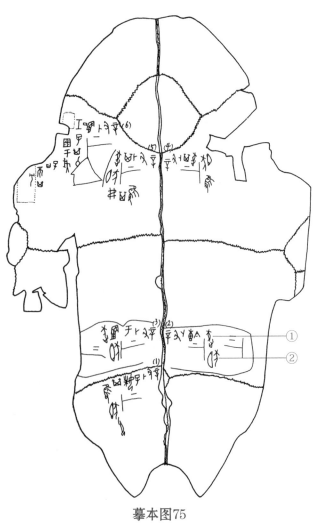

摹本图75

① 逐

② 狼

拓片图75

《花东》102（长29.2厘米，宽21.2厘米）

（1）乙卜贞：宁豆又口，弗死？ 一

（2）乙卜贞：中周又口，弗死？ 一

（3）乙卜贞：二卜又希，隹见，今又心敫，亡囚？ 一

此版之"口"字，借作灾咎之义。宁豆、中周为人名。敫，释为慣，乱也。（1）、（2）辞辞意为宁豆、中周有灾咎，不会死吧？第（3）辞大意是，经两次占卜，均呈现灾祟之象，今天心脏不舒服，不会有灾祸吗？"敫"字，是新发现的字，"心敫"，指心脏有病，对于研究殷人的疾病，有重要的学术价值（见拓本图76、摹本图76）。

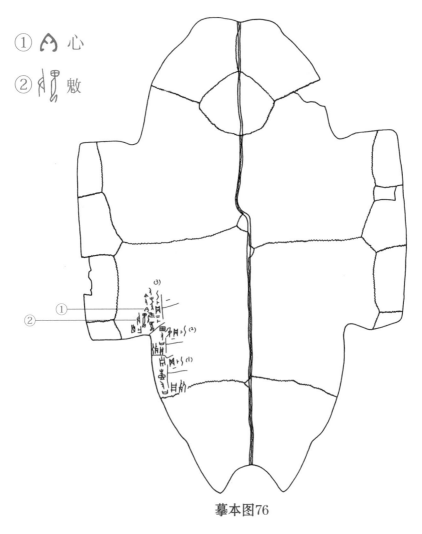

摹本图76

拓片图76

《花东》304（长23厘米，宽14.7厘米）

（1）甲卜：子疾首，亡征（延）？一

（2）子疾首，亡征（延）？二

（3）乙卜：弜又（侑）于庚？一

（4）乙岁于妣庚毚？一

（5）乙岁于妣庚毚？二

（6）丙宜羊？一

（7）丙弜宜？一

（8）戊卜：将妣己示眔妣丁，若？一

此版卜辞内容分两类：（1）、（2）辞，卜问子头部的疾病是否延续下去？（3）至（8）辞，卜问祭祀先妣（庚、己、丁）及祭祀时之用牲。

（1）、（2）辞的"首"字写法新颖奇特，像人脸的正面形，头发上竖，眼珠鼓出，双耳外展，嘴巴阔长，形象生动夸张（见拓本图77、摹本图77）。

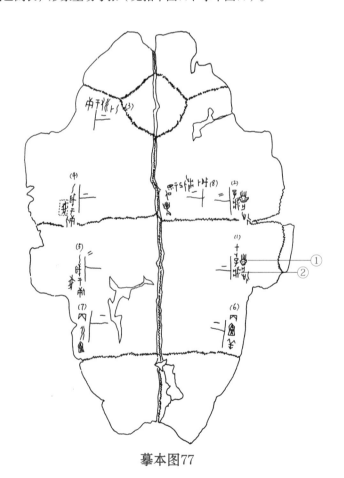

① 首

② 疾

摹本图77

拓片图77

《花东》367（长18.7厘米，宽11.5厘米）

（1）朕。

（2）癸亥卜：新馬于貯（或释为贾）见？一二

（3）于貯见？一二

（4）新馬子用右？一

（5）新馬子用左？一

（6）貯见子用右？一

（7）貯见子用右？一

第（1）辞之"朕"属甲桥记事刻辞，表示龟甲由朕所贡纳。

"见"在此版应释为献，义为献纳、贡献。（2）至（7）辞是卜问貯（人名、地名）新入贡的马匹，子用于驾车，将它置于辕的左边好还是右边为好？殷代王与贵族出行时乘的马车是由二马系驾的，当时对驾车的马的位置是有选择的（见拓本图78、摹本图78）。

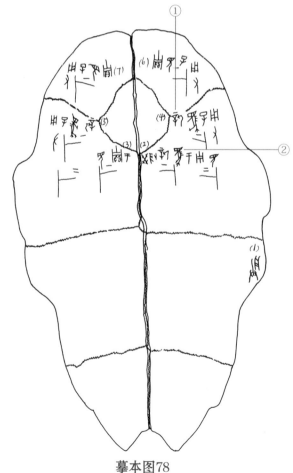

① 𥄂 新

② 𣏾 馬

摹本图78

拓片图78

《花东》490（长29.6厘米，宽21厘米）

（1）己卯：子见（献）暊以璧玉于丁？用。一

（2）己卯：子见（献）暊以合眔琘璧丁？用。一二

（3）己卯：子见（献）暊以合于丁？用。一

（4）己卯：子见（献）暊以玉丁？永用。一

（5）己卯卜：丁永子？卬（節）。一

（6）庚辰：子裸妣庚，又言妣庚，若？一

（7）庚辰：岁妣庚牢，舌彡牝，爰（後）改？一二三

（8）乙酉卜：入肉？二

（9）乙酉卜：入肉？子曰：舭卜。二

（10）庚戌：岁妣庚牝一，入自麗？一

（11）辛亥老卜：家其匄又妾，又界一？一

（12）壬子卜：其將妣庚示宫，于东官？用。一

此版主要内容有两项：一是卜问子是否向丁贡献玉器、酒、肉等物品？二是卜问子祭祀妣庚的祭仪、祭品、祭祀地点等。第（12）辞字体笔画较纤细，可能是另一位刻手所契刻的。

有的字象形非常形象，如"合"，有学者隶释为"圭"字，上部作三角形，下部为长方形，似殷墟出土的商代玉戈；"璧"字的形符作牙，酷似殷墓出土的牙形玉璧。在商代后期，玉璧、玉戈等主要的功能是作为礼器使用（见拓本图79、摹本图79）。

① A 肉

② 牙 璧

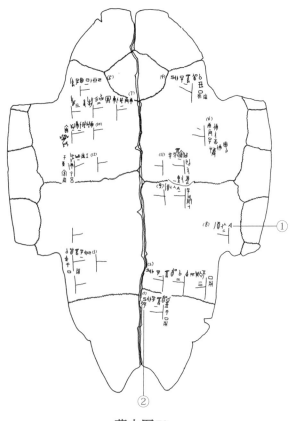

摹本图79

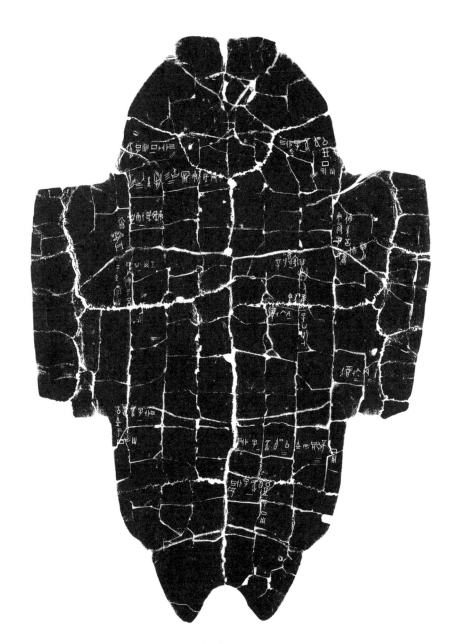

拓片图79

《花东》501（长27.5厘米，宽18.3厘米）

（1）丁卜：子耳鸣，亡蛊（害）？一

（2）丁卜：今庚其乍（作）豐，蠚丁酓（飲），若？一二

（3）丁卜：今庚其乍（作）豐，蠚丁酓（飲），若？三

全版原有多条卜辞，但已被刮去，只保留3条卜辞，内容分两类：第（1）辞，子患耳鸣之疾，不会有灾害吧？（2）、（3）辞的大意是今旬的庚日将制作以玉为装饰的大鼓，因而召请武丁来宴饮。

辞中的"豐"字，是以玉片作为装饰的大鼓。"蠚"，为动词，释速，意为召请（见拓本图80、摹本图80）。

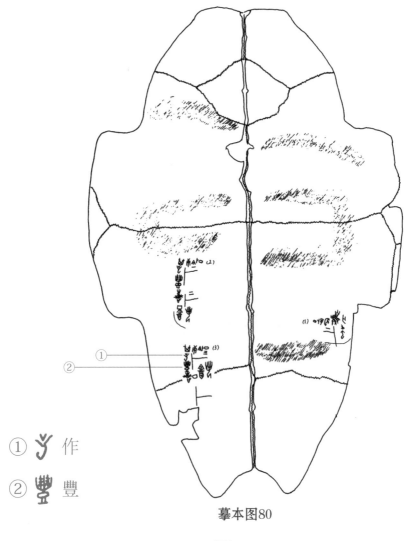

摹本图80

拓片图80

《花东》218（长15.8厘米，宽9.8厘米）

（1）丙辰卜：子叒叀今日昫（丐）糦（黍）于婦，若？用。一

（2）丙辰卜：子叒其昫（丐）糦（黍）于婦，若永？用。一

"昫"字为"匃"之异体。子叒，人名，有学者释"叒"字为"金"字，可备一说。卜辞的大意是卜问子叒向妇求取黍子，顺利否？

有些字写法别具特色，如"辰"作 ，横线、直线、斜线、弧线巧妙配合。而且各个笔画，一画之内都有粗细的变化，反映出刻辞者操刀时能自如地运用轻重的转换，技术非常熟练（见拓本图81、摹本图81）。

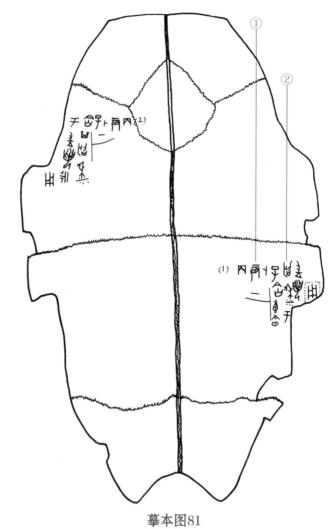

摹本图81

拓片图81

《花东》410（残长8.4厘米，残宽12厘米）

（1）壬卜，在麓：丁畀子圂臣？ 一

（2）壬卜，在麓：丁曰：余其肇子臣？ 允。二

卜辞的大意是，壬日在麓地占卜，问丁（武丁）是否送给子一批奴隶（或俘虏）？从第（2）辞的验辞"允"字看，丁后来果然赠予子奴隶（或俘虏）。

卜辞的章法值得称道。左侧的"麓"字下部之"鹿"，足部上抬，作向前奔跑状，其后的"丁……允"等字，尤如飘带自然扬起；右侧"麓"字下部之"鹿"，作平稳站立状，其右侧的5个字也逐渐下沉，归于平静。每个字所占的空间基本上依笔画的多少，如"麓"字，笔画最多，远大于其他的字，十分醒目，"圂"字，字也较大，笔画也不少，但"执"被困在长方框以内，与"麓"相比，一个字是外张的，一个字是收敛的，形成展蹙之对比（见拓本图82、摹本图82）。

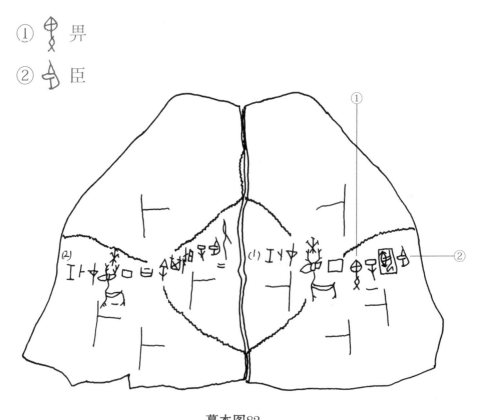

摹本图82

拓片图82

《花东》103（长17.8厘米，宽10.5厘米）

（1）丁卯卜：雨不至于夕？一

（2）丁卯卜：雨其至于夕？子占曰：其至，亡翌戊。用。一

（3）己巳卜：雨不征（延）？一

（4）己巳卜：雨其征（延）？子（子）占曰：其征（延）终日。用。一

（5）己巳卜，在狀：庚不雨？子占曰：其雨亡司。夕雨。用。

（6）己巳卜，在狀：其雨？子占曰：今夕其雨，若。己雨，其于翌日庚亡司。
用。一

　　此版内容是关于下雨的，应是在下雨之时占卜的，故卜问雨能延续多久，是全天下雨抑或雨延至晚上，延至次日？（5）、（6）辞的"亡司"之"司"字，学术界有不同的理解，以释为"嗣"（接续）较合理。

　　全版字体大小有差异，后甲卜辞的字较小，尾甲的字较大。同出的文字注意避复，如4个"占"字，二正二反，10个"雨"字，其下部的雨点数或三，或四，或五，这些雨点有的上尖下圆，有的上圆下尖，且有正有斜，变化多端。此版卜辞的行款较特殊，如位于左尾甲的第（6）辞，先是左行而下，然后再复列右行，最后4个字，越过中缝，延伸至右尾甲内（见拓本图83、摹本图83）。

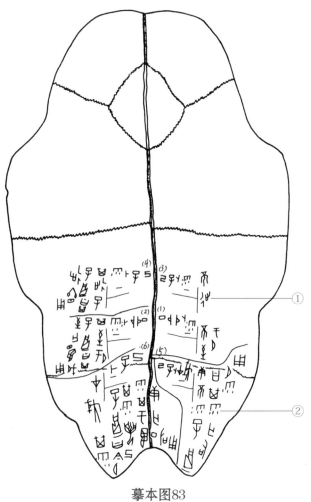

摹本图83

①　征（延）

②　雨

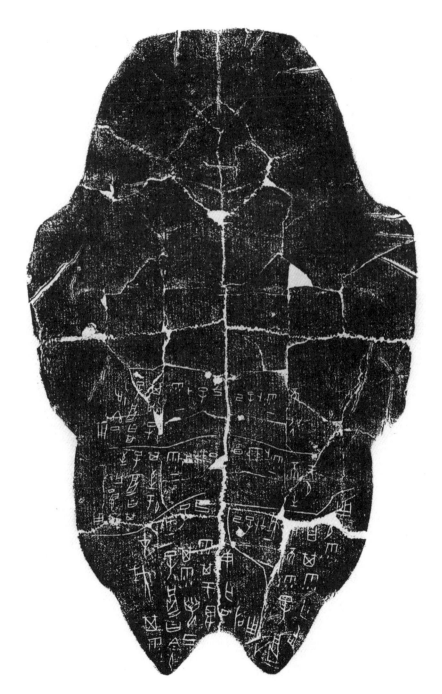

拓片图83

《花东》206（残长20.8厘米，宽23.5厘米）

（1）丁丑卜，在㸚：子其重舞戊，若？不用。

（2）子弜重舞戊，于之若？用。多万又（有）灾，引祁。

两辞的大意是卜问子是否持钺而舞，"舞戊"一辞首见，戊（钺）是一种兵器，持兵器舞蹈是武舞。第（2）辞之"万"，指从事乐舞的人，"多万"指众多的乐舞之人。"祁"为祭歌之名，"引祁"意为歌唱祭歌。可知商人举行武舞时，也伴以歌乐。

此版有的字形很新颖，如"重"字，二斜线相交，将器腹分成四区，每区内各饰一个小点。"舞"字，人双手所持之物多出一长方框，较为复杂。值得注意的是此版两个"戊"字作 ，形似安了木柄的铜钺，钺身的形状酷似安阳殷墟发掘出土的有孔青铜钺（见拓本图84、摹本图84）。

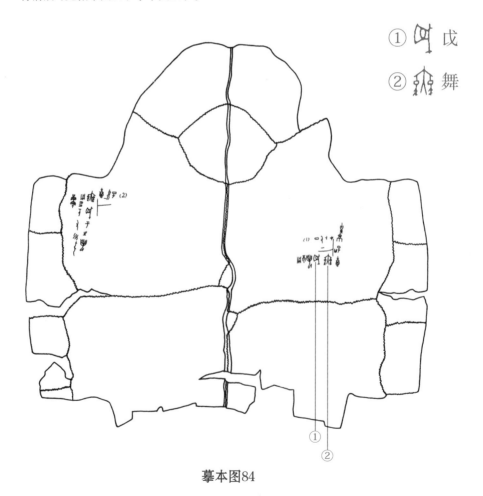

① 戊

② 舞

摹本图84

拓片图84